Caderno do Futuro

A evolução do caderno

MATEMÁTICA

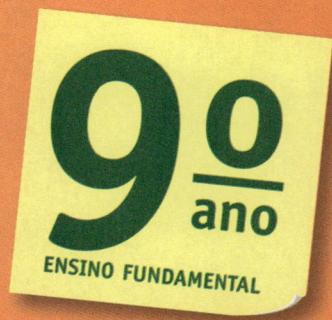
9º ano
ENSINO FUNDAMENTAL

3ª edição
São Paulo – 2013

Coleção Caderno do Futuro
Matemática
© IBEP, 2013

Diretor superintendente	Jorge Yunes
Gerente editorial	Célia de Assis
Editor	Mizue Jyo
Assistente editorial	Edson Rodrigues
Revisão	André Odashima
	Maria Inez de Souza
Coordenadora de arte	Karina Monteiro
Assistente de arte	Marilia Vilela
	Nane Carvalho
	Carla Almeida Freire
Coordenadora de iconografia	Maria do Céu Pires Passuello
Assistente de iconografia	Adriana Neves
	Wilson de Castilho
Produção gráfica	José Antônio Ferraz
Assistente de produção gráfica	Eliane M. M. Ferreira
Projeto gráfico	Departamento de Arte Ibep
Capa	Departamento de Arte Ibep
Editoração eletrônica	N-Publicações

CIP-BRASIL. CATALOGAÇÃO-NA-FONTE
SINDICATO NACIONAL DOS EDITORES DE LIVROS, RJ

S58m
3. ed

Silva, Jorge Daniel
    Matemática, 9º ano / Jorge Daniel da Silva, Valter dos Santos Fernandes, Orlando Donisete Mabelini. - 3. ed. - São Paulo : IBEP, 2013.
    il. ; 28 cm   (Caderno do futuro)

ISBN 978-85-342-3587-7 (aluno) - 978-85-342-3591-4 (professor)

    1. Matemática (Ensino fundamental) - Estudo e ensino.
I. Fernandes, Valter dos Santos. II. Mabelini, Orlando Donisete.
III. Título. IV. Série.

12-8694.   CDD: 372.72
                                                                            CDU: 373.3.016:510

27.11.12 03.12.12   041088

Impressão Leograf - Maio 2024

3ª edição – São Paulo – 2013
Todos os direitos reservados.

Av. Alexandre Mackenzie, 619 – Jaguaré
São Paulo – SP – 05322-000 – Brasil – Tel.: (11) 2799-7799
www.editoraibep.com.br – editoras@ibep-nacional.com.br

SUMÁRIO

CAPÍTULO 1 – RADICIAÇÃO

1. Raiz enésima de um número real 4
2. Simplificação de radicais 7
3. Como inserir um fator em um radical 8
4. Como reduzir radicais ao mesmo índice 9
5. Radicais semelhantes 9

CAPÍTULO 2 – OPERAÇÕES COM RADICAIS

1. Adição e subtração de radicais 11
2. Multiplicação e divisão de radicais 13
3. Potenciação de radicais 14
4. Radiciação de radicais 14
5. Racionalização de denominadores 15
6. Extração da raiz quadrada 18

CAPÍTULO 3 – EQUAÇÕES DO 2º GRAU

1. Equações do 2º grau incompletas 20
2. Resolução de equações
   do 2º grau incompletas em R 21
3. Resolução de equações
   do 2º grau completas em R 24
4. Discussão quanto às raízes
   de uma equação do 2º grau 31
5. Como determinar os coeficientes
   de uma equação do 2º grau 32
6. Relações entre coeficientes
   e raízes de uma equação do 2º grau 35
7. Formando uma equação
   do 2º grau a partir de suas raízes 36
8. Raízes simétricas 38

CAPÍTULO 4 – EQUAÇÕES BIQUADRADAS E EQUAÇÕES IRRACIONAIS

1. Equações biquadradas 39
2. Equações irracionais 41

CAPÍTULO 5 – SISTEMAS DE EQUAÇÕES

Solução de um sistema de equações 44

CAPÍTULO 6 – FUNÇÕES

1. Produto cartesiano 47
2. Relação binária 48
3. Função 49
4. Valor numérico de uma
   função polinomial de R em R 49
5. Função polinomial do 1º grau 51
6. Função quadrática 55

CAPÍTULO 7 – INEQUAÇÕES DO 2º GRAU

Resoluções de inequações do 2º grau 59

CAPÍTULO 8 – SEMELHANÇA DE TRIÂNGULOS

1. Razão entre segmentos 62
2. Teorema de Tales 63
3. Triângulos semelhantes 66

CAPÍTULO 9 – TRIÂNGULO RETÂNGULO

1. Relações métricas no triângulo retângulo ... 68
2. Aplicações do teorema de Pitágoras 75
3. Relações trigonométricas
   no triângulo retângulo 81

CAPÍTULO 10 – RELAÇÕES MÉTRICAS EM UM TRIÂNGULO QUALQUER

1. Relações métricas 87
2. Classificação de um
   triângulo quanto aos ângulos 87

CAPÍTULO 11 – CIRCUNFERÊNCIA E POLÍGONOS REGULARES

1. Relações métricas na circunferência 88
2. Relações métricas
   nos polígonos regulares 95
3. Áreas de figuras geométricas planas 104

CAPÍTULO 1 – RADICIAÇÃO

1. Raiz enésima de um número real

Sendo a e b números reais e n natural e diferente de zero, define-se:

$$\sqrt[n]{a} = b \leftrightarrow b^n = a$$

$\sqrt[n]{a} = b$ Lê-se: raiz enésima de a é igual a b.

Exemplo: $\sqrt[3]{27} = 3$, pois $3^3 = 3 \times 3 \times 3 = 27$

índice → $\sqrt[3]{27}$ ← radical
radicando ↗ ↖ raiz
= 3

Se a = 0, então b = 0, pois $0^n = 0$.
Se a < 0, então $\sqrt[n]{a}$ será real se n for um número ímpar.

Exemplo:

O tabuleiro de xadrez é um quadrado dividido em 64 casas.

Para encontrar o número de casas de cada lado, basta calcular a raiz quadrada de 64.
Portanto: $\sqrt{64} = 8 \leftrightarrow 8^2 = 64$.

---

1. Observe o exemplo.

$\sqrt{16} = 4 \leftrightarrow 4^2 = 16$.
A raiz quadrada de 16 é igual a 4; o que equivale a 4 elevado ao quadrado ser igual a 16.

Escreva, por extenso, as seguintes equivalências:

a) $\sqrt{49} = 7 \leftrightarrow 7^2 = 49$

b) $\sqrt[10]{1024} = 2 \leftrightarrow 2^{10} = 1024$

c) $\sqrt[4]{81} = 3 \leftrightarrow 3^4 = 81$

d) $\sqrt[5]{-32} = -2 \leftrightarrow (-2)^5 = -32$

2. Dê o índice, o radical, o radicando e a raiz em cada item, conforme o exemplo.

$\sqrt[3]{27} = 3 \begin{cases} \text{índice: } 3 \\ \text{radical: } \sqrt[3]{27} \\ \text{radicando: } 27 \\ \text{raiz: } 3 \end{cases}$

a) $\sqrt{49} = 7 \begin{cases} \text{índice:} \\ \text{radical:} \\ \text{radicando:} \\ \text{raiz:} \end{cases}$

b) $\sqrt[4]{16} = 2$ $\begin{cases} \text{índice:} \\ \text{radical:} \\ \text{radicando:} \\ \text{raiz:} \end{cases}$

c) $\sqrt{25} = 5$ $\begin{cases} \text{índice:} \\ \text{radical:} \\ \text{radicando:} \\ \text{raiz:} \end{cases}$

3. Complete as equivalências.

a) $\sqrt[3]{64} = 4 \leftrightarrow 4^3 = \square$

b) $\sqrt{25} = 5 \leftrightarrow 5^2 = \square$

c) $\sqrt{16} = 4 \leftrightarrow \square = \square$

d) $\sqrt[3]{-27} = -3 \leftrightarrow \square = \square$

e) $\sqrt{1} = 1 \leftrightarrow \square = \square$

f) $\sqrt{0} = 0 \leftrightarrow \square = \square$

g) $\sqrt{81} = \square \leftrightarrow \square = \square$

h) $\sqrt{36} = \square \leftrightarrow \square = \square$

4. Complete as sentenças com os símbolos $\in$ (pertence) ou $\notin$ (não pertence).

a) $\sqrt{16}\ \square\ \mathbb{R}$

b) $\sqrt{9}\ \square\ \mathbb{R}$

c) $\sqrt{-16}\ \square\ \mathbb{R}$

d) $\sqrt[3]{-1}\ \square\ \mathbb{R}$

e) $\sqrt{-9}\ \square\ \mathbb{R}$

f) $\sqrt{-36}\ \square\ \mathbb{R}$

g) $\sqrt[4]{-16}\ \square\ \mathbb{R}$

h) $\sqrt[3]{-27}\ \square\ \mathbb{R}$

i) $\sqrt[5]{-243}\ \square\ \mathbb{R}$

j) $\sqrt[4]{-10\,000}\ \square\ \mathbb{R}$

> A raiz enésima de um número real positivo a elevado à potência n é igual ao próprio número a.
> $\sqrt[n]{a^n} = a$

5. Complete as sentenças.

a) $\sqrt[3]{2^3} = \square$

b) $\sqrt{5^2} = \square$

c) $\sqrt{a^2} = \square$

d) $\sqrt[5]{2^5} = \square$

e) $\sqrt[3]{7^3} = \square$

f) $\sqrt[6]{17^6} = \square$

g) $\sqrt{1^2} = \square$

h) $\sqrt{5^{\square}} = 5$

i) $\sqrt[8]{(5a)^{\square}} = 5a$

j) $\sqrt[8]{\Box} = 2$

k) $\sqrt[p]{\Box} = a$

l) $\sqrt{\Box} = b$

> Multiplicando ou dividindo o índice do radical e o expoente do radicando por um mesmo número positivo e diferente de zero, o radical não se altera.

6. De acordo com o exemplo, divida o índice e o expoente pelo mdc (máximo divisor comum) entre eles para estes radicais.

$$\sqrt[6]{a^4} = \sqrt[6:2]{a^{4:2}} = \sqrt[3]{a^2}$$

a) $\sqrt[6]{a^9} =$

b) $\sqrt[15]{a^5} =$

c) $\sqrt[14]{3^7} =$

d) $\sqrt{8^6} =$

e) $\sqrt{5^{18}} =$

Raiz enésima de um produto

> A raiz enésima do produto de dois ou mais números reais positivos é igual ao produto das raízes enésimas desses fatores.
> Exemplo: $\sqrt[3]{ax} = \sqrt[3]{a} \cdot \sqrt[3]{x}$

7. Observe o exemplo e complete.

$$\sqrt[5]{2 \cdot a} = \sqrt[5]{2} \cdot \sqrt[5]{a}$$

a) $\sqrt[3]{2 \cdot 5 \cdot 7} =$

b) $\sqrt{a \cdot b \cdot c} =$

c) $\sqrt{10 \cdot a} =$

d) $\sqrt[3]{8ab} =$

e) $\sqrt[5]{3 \cdot 9 \cdot 2} =$

f) $\sqrt{5a^3b^5} =$

g) $\sqrt{8a^7b^5} =$

Raiz enésima de um quociente

> A raiz enésima de um quociente corresponde ao quociente das raízes enésimas do dividendo e do divisor.
>
> Exemplo: $\sqrt[n]{\dfrac{a}{b}} = \dfrac{\sqrt[n]{a}}{\sqrt[n]{b}}$, com $b \neq 0$

8. Observe o exemplo e complete.

$$\sqrt{\dfrac{a}{b}} = \dfrac{\sqrt{a}}{\sqrt{b}}$$

a) $\sqrt[3]{\dfrac{7}{5}} =$

b) $\sqrt{\dfrac{7}{3}} =$

c) $\sqrt[5]{\dfrac{3^2}{2^3}} =$

d) $\sqrt[8]{\dfrac{2^4}{3^5}} =$

e) $\sqrt{\dfrac{2^3}{3^3}} =$

f) $\sqrt[5]{\dfrac{2^4}{5^2}} =$

g) $\sqrt[7]{\dfrac{2^3}{4^3}} =$

2. Simplificação de radicais

Exemplos:

- $\sqrt[10]{3^4} = \sqrt[10 \div 2]{3^{4 \div 2}} = \sqrt[5]{3^2}$
- $\sqrt[6]{5^{12}} = \sqrt[6 \div 6]{5^{12 \div 6}} = 5^2$
- $\sqrt[3]{8} = \sqrt[3]{2^3} = 2$
- $\sqrt[4]{a^4 b} = \sqrt[4]{a^4} \cdot \sqrt[4]{b} = a\sqrt[4]{b}$
- $\sqrt{25a^6b^8c} = \sqrt{5^2} \cdot \sqrt{a^6} \cdot \sqrt{b^8} \cdot \sqrt{c} = 5a^3b^4\sqrt{c}$
- $\sqrt{\dfrac{a}{b^2}} = \dfrac{\sqrt{a}}{\sqrt{b^2}} = \dfrac{\sqrt{a}}{b}$

9. Simplifique os radicais.

a) $\sqrt[8]{3^6} =$

b) $\sqrt[15]{a^{10}} =$

c) $\sqrt[4]{b^8} =$

d) $\sqrt{16} =$

e) $\sqrt[3]{64} =$

f) $\sqrt[3]{27} =$

g) $\sqrt{25x^2} =$

h) $\sqrt[3]{8a^6} =$

i) $\sqrt{64x^4y^8} =$

j) $\sqrt[4]{16x^8} =$

k) $\sqrt{25a^2b^4} =$

l) $\sqrt{12} =$

m) $\sqrt{75} =$

n) $\sqrt{18} =$

o) $\sqrt{50} =$

p) $\sqrt{12x} =$

q) $\sqrt{48a} =$

r) $\sqrt{\dfrac{9}{x^2}} =$

s) $\sqrt{\dfrac{25a^6}{x^{10}}} =$

t) $\sqrt{\dfrac{49a^2}{16}} =$

10. Analise as sentenças e escreva nos parênteses V para verdadeiro ou F para falso.

a) $\sqrt[3]{a^4} = \sqrt[3]{a^3} \cdot \sqrt[3]{a} = a\sqrt[3]{a}$ ☐

b) $\sqrt{32} = \sqrt{2^5} = \sqrt{2^4} \cdot \sqrt{2^2}$ ☐

c) $\sqrt{8} = \sqrt{2^3} = \sqrt{2^2} \cdot \sqrt{2} = 2\sqrt{2}$ ☐

d) $\sqrt[3]{a^7} = \sqrt[3]{a^3} \cdot \sqrt[3]{a^3} \cdot \sqrt[3]{a} = a \cdot a\sqrt{a}$ ☐

e) $\sqrt[5]{x^9} = \sqrt[5]{x^5} \cdot \sqrt[5]{x^4} \cdot x\sqrt[5]{x^4}$ ☐

f) $\sqrt{1000} = \sqrt{10^3} = \sqrt{10^2} \cdot \sqrt{10} = 10\sqrt{10}$ ☐

3. Como inserir um fator em um radical

Exemplos:

a) $a^7 \cdot \sqrt[3]{b} = \sqrt[3]{a^{7 \cdot 3} \cdot b} = \sqrt[3]{a^{21}b}$

b) $x \cdot \sqrt[5]{y} = \sqrt[5]{x^5 y}$

c) $3a \cdot \sqrt{5} = \sqrt{3^2 \cdot a^2 \cdot 5} = \sqrt{9 \cdot a^2 \cdot 5} = \sqrt{45a^2}$

11. Desenvolva as multiplicações, colocando os fatores nos radicais.

a) $x^3 \cdot \sqrt[5]{y} =$

b) $a \cdot \sqrt[7]{b} =$

c) $m \cdot \sqrt{a} =$

d) $3 \cdot \sqrt{2} =$

e) $2\sqrt{5} =$

f) $3a\sqrt{7} =$

g) $2x \cdot \sqrt[5]{2} =$

h) $8\sqrt{3} =$

i) $4\sqrt{3} =$

j) $2 \cdot \sqrt[3]{5} =$

k) $x \cdot \sqrt[4]{x} =$

l) $y \cdot \sqrt[3]{y} =$

m) $a\sqrt{a} =$

n) $ab\sqrt{ab} =$

4. Como reduzir radicais ao mesmo índice

> Vamos escrever os seguintes radicais com o mesmo índice.
> $\sqrt[3]{2^2}$; $\sqrt[4]{5^3}$; $\sqrt{7}$
>
> Sendo mmc (3, 4, 2) = 12, fazemos:
>
> $\sqrt[3]{2^2}$; $\sqrt[4]{5^3}$; $\sqrt{7}$
>
> $\sqrt[12]{2^8}$; $\sqrt[12]{5^9}$; $\sqrt[12]{7^6}$

12. Reduza os radicais ao mesmo índice.

a) $\sqrt[3]{2}$; $\sqrt{5}$

b) $\sqrt{a}$; $\sqrt[3]{a^2}$; $\sqrt[4]{3}$

c) $\sqrt[8]{a^3}$; $\sqrt[12]{b^5}$

d) $\sqrt[3]{5^2}$; $\sqrt[6]{7^5}$

e) $\sqrt{x}$; $\sqrt[3]{x^2}$; $\sqrt[4]{3}$

f) $\sqrt[6]{2^5}$; $\sqrt{3}$; $\sqrt[3]{5^2}$

g) $\sqrt{a}$; $\sqrt[3]{a}$; $\sqrt[4]{a}$

h) $\sqrt[5]{7^3}$; $\sqrt[10]{3^5}$; $\sqrt{5^2}$; $\sqrt[4]{3}$

5. Radicais semelhantes

> Dois ou mais radicais são semelhantes quando têm o memso índice e o mesmo radicando.

13. Escreva nos parênteses **S** para radicais semelhantes ou **N** para radicais não--semelhantes.

a) $8\sqrt{2}$; $\sqrt{2}$; $3\sqrt{2}$ ☐

b) $\sqrt{5}$; $\sqrt[4]{5}$; $\sqrt[5]{3}$ ☐

c) $\sqrt[3]{2}$; $3\sqrt[3]{2}$; $8\sqrt[3]{2}$ ☐

d) $a\sqrt{b}$; $5\sqrt{b}$; $-\sqrt{b}$ ☐

e) $5\sqrt[4]{7}$; $5\sqrt{7}$; $5\sqrt[3]{7}$ ☐

f) $\sqrt{a}$; $\sqrt{b}$; $\sqrt{c}$ ☐

g) $\sqrt[3]{5}$; $\sqrt[3]{2}$

h) $\sqrt{3}$; $8\sqrt{3}$; $-\sqrt{3}$

i) $7\sqrt{2}$; $9\sqrt{2}$; $\sqrt{2}$

j) $8\sqrt[3]{5}$; $8\sqrt{5}$

k) $\sqrt{a}$; $\sqrt[3]{a}$

l) $5\sqrt{3}$; $5\sqrt[3]{3}$

m) $10\sqrt{2}$; $17\sqrt{2}$

n) $\sqrt{7}$; $7\sqrt{7}$; $8\sqrt{7}$

14. Simplifique os radicais.

a) $\sqrt{x^8} =$

b) $\sqrt{a^6 b^{10}} =$

c) $\sqrt{8x^8} =$

d) $\sqrt{81x^6 y^{10}} =$

e) $\sqrt{\dfrac{x^2}{100}} =$

f) $\sqrt{x^9} =$

g) $\sqrt{4x^3} =$

h) $\sqrt[3]{8x^6} =$

15. Desenvolva as multiplicações, colocando os fatores dentro dos radicais.

a) $3\sqrt{18} =$

b) $ab\sqrt[3]{5} =$

c) $5a\sqrt[3]{2} =$

d) $10\sqrt{10} =$

e) $x^7 \sqrt{3} =$

f) $x\sqrt{x} =$

g) $mx^7 \sqrt[3]{a} =$

h) $2a\sqrt{4a} =$

16. Ligue os radicais semelhantes conforme o exemplo.

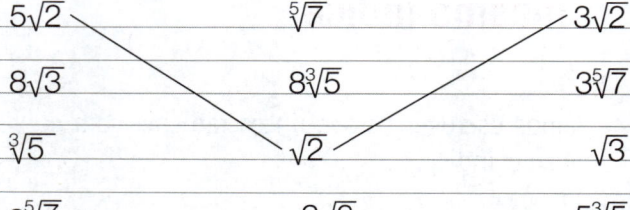

17. Reduza os radicais ao mesmo índice.

a) $\sqrt{3}$; $\sqrt[3]{5}$; $\sqrt[4]{2}$

b) $\sqrt[5]{2}$; $\sqrt{7}$; $\sqrt[4]{3}$;

c) $\sqrt{a}$; $\sqrt[7]{a^3}$

d) $\sqrt[3]{2}$; $\sqrt[10]{a^7}$; $\sqrt[5]{3}$

CAPÍTULO 2 – OPERAÇÕES COM RADICAIS

1. Adição e subtração de radicais

Com radicais semelhantes

Na adição e subtração de radicais semelhantes operamos os coeficientes e conservamos os radicais. Exemplo:

$5\sqrt{x} + \sqrt{x} + 3\sqrt{x} = (5 + 1 + 3) \cdot \sqrt{x} = 9\sqrt{x}$

1. Resolva as operações.

a) $7\sqrt{7} + 8\sqrt{7} =$

b) $10\sqrt{2} + 5\sqrt{2} =$

c) $10\sqrt{5} - 7\sqrt{5} =$

d) $7\sqrt{2} - 12\sqrt{2} =$

e) $8\sqrt{5} - \sqrt{5} =$

f) $3\sqrt{a} - 4\sqrt{a} + 3\sqrt{a} =$

g) $10\sqrt[7]{5} - \sqrt[7]{5} + 2\sqrt[7]{5} =$

h) $\sqrt{3} - 10\sqrt{3} - 8\sqrt{3} =$

i) $-\sqrt{7} - 12\sqrt{7} =$

j) $8\sqrt{a} - 9\sqrt{a} + 10\sqrt{a} =$

k) $\sqrt{a} - \sqrt{a} - 3\sqrt{a} + 3\sqrt{a} =$

l) $8\sqrt[7]{2} + 9\sqrt[7]{2} - 10\sqrt[7]{2} =$

Com radicais não semelhantes

Quando os radicais não são semelhantes, devemos simplificá-los e reduzi-los a termos semelhantes e indicar a soma dos não semelhantes.

Exemplo:

$\sqrt{12} + 5\sqrt{27} =$
$= \sqrt{2^2 \cdot 3} + 5\sqrt{3^2 \cdot 3} =$
$= 2\sqrt{3} + 5 \cdot 3\sqrt{3} = 2\sqrt{3} + 15\sqrt{3} = 17\sqrt{3}$

2. Simplifique e reduza os termos semelhantes conforme o exemplo.

$\sqrt{12} + \sqrt{48} = \sqrt{2^2 \cdot 3} + \sqrt{2^4 \cdot 3} =$
$= 2\sqrt{3} + 2^2 \cdot \sqrt{3} = 2\sqrt{3} + 4\sqrt{3} = 6\sqrt{3}$

a) $\sqrt{8} + \sqrt{18} =$

b) $\sqrt{27} + \sqrt{75} + 5\sqrt{3} =$

c) $\sqrt{125} + 2\sqrt{5} =$

d) $\sqrt{25x} + \sqrt{16x} + \sqrt{49x} =$

e) $\sqrt{4a} + 9\sqrt{a} - \sqrt{64a} - \sqrt{9a} =$

f) $\sqrt{2} + 10\sqrt{50} =$

g) $\sqrt{3} + 8\sqrt{12} - 7\sqrt{27} =$

h) $3a\sqrt{2} + \sqrt{18a^2} =$

i) $\sqrt{32} + \sqrt{8} + \sqrt{128} =$

j) $5\sqrt{2} + 8\sqrt{3} - 4\sqrt{2} + 6\sqrt{3} =$
$= 5\sqrt{2} - 4\sqrt{2} + 8\sqrt{3} + 6\sqrt{3} =$
$= \sqrt{2} + 14\sqrt{3}$

k) $\sqrt{12} + 9\sqrt{3} - \sqrt{8} + \sqrt{32} =$

l) $\sqrt{25} + \sqrt{4a} + \sqrt{64} + \sqrt{a} =$

m) $\sqrt{49m} - \sqrt{100n} + \sqrt{16m} - \sqrt{64n} =$

2. Multiplicação e divisão de radicais

Com radicais de mesmo índice
Conservamos o índice comum e multiplicamos ou dividimos os radicandos.

Com radicais de índices diferentes
Neste caso é necessário reduzi-los ao mesmo índice para depois se efetuar a multiplicação ou a divisão.
Exemplo:
$\sqrt[3]{2} \cdot \sqrt[4]{3} = \sqrt[12]{2^4} \cdot \sqrt[12]{3^3} = \sqrt[12]{2^4 \cdot 3^3} = \sqrt[12]{16 \cdot 27} = \sqrt[12]{432}$

3. Efetue as operações.

a) $\sqrt{3} \cdot \sqrt{2} =$

b) $\sqrt[3]{5} \cdot \sqrt[3]{2} =$

c) $\sqrt{2} \cdot \sqrt{3} \cdot \sqrt{5} =$

d) $3\sqrt{2} \cdot 5\sqrt{3} =$

e) $\sqrt{30} \div \sqrt{6} =$

f) $\sqrt[5]{a^2} \cdot \sqrt[5]{a} \cdot \sqrt[5]{b^3} =$

g) $\sqrt[4]{5} \cdot \sqrt[4]{2} =$

h) $6\sqrt[3]{10} \div 3\sqrt[3]{5} =$

i) $3a\sqrt{2} \cdot \sqrt{18a^2} =$

j) $\sqrt[3]{10} \div \sqrt[3]{5} =$

4. Efetue as operações.

a) $\sqrt{2} \cdot \sqrt[3]{3} =$

b) $\sqrt{a} \cdot \sqrt[7]{a^3} =$

c) $\sqrt[5]{b^3} \cdot \sqrt[10]{b} =$

d) $10\sqrt[4]{2} \cdot 6\sqrt{2} =$

e) $3\sqrt{a} \cdot 5\sqrt[3]{a} =$

f) $\sqrt{5} \div \sqrt[4]{5} =$

g) $8\sqrt[3]{a^7} \div 2\sqrt{a} =$

h) $7\sqrt{a} \cdot \sqrt[5]{a^7} \cdot 5\sqrt{a} =$

i) $\sqrt{m} \cdot \sqrt[5]{m} \cdot \sqrt[3]{m} =$

j) $\sqrt{a} \div \sqrt[7]{a} =$

k) $10\sqrt[3]{a^2} \div \sqrt[7]{a^4} =$

l) $6\sqrt{a} \div 2\sqrt[3]{a} =$

h) $(\sqrt{3a})^2 = \sqrt{(3a)^2} = \sqrt{9a^2} = \sqrt{9} \cdot \sqrt{a^2} = \sqrt{3^2} \cdot a = 3a$

i) $(\sqrt[3]{5b})^3 =$

j) $(\sqrt{m^3})^8 =$

k) $(\sqrt{2^6})^3 =$

l) $(\sqrt{x})^7 =$

3. Potenciação de radicais

Para elevar um radical a uma potência basta elevar o radicando a essa potência.

Exemplo: $(\sqrt[3]{a})^2 = \sqrt[3]{a^2}$

4. Radiciação de radicais

Para determinar a raiz de um radical, basta conservar o radicando e multiplicar os índices dos radicais entre si.

Exemplo: $= \sqrt[3]{\sqrt[2]{a}} = \sqrt[3 \times 2]{a} = \sqrt[6]{a}$

5. Efetue e simplifique quando possível.

a) $(\sqrt[3]{5})^2 =$

b) $(\sqrt[7]{a})^5 =$

c) $(\sqrt[5]{2^2})^2 =$

d) $(\sqrt{a})^3 = \sqrt{a^3} = \sqrt{a^2} \cdot \sqrt{a} = a\sqrt{a}$

e) $(\sqrt{a})^5 =$

f) $(\sqrt{m})^{10} =$

g) $(\sqrt{a})^2 =$

6. Efetue e simplifique quando possível.

a) $\sqrt[3]{\sqrt{a}} =$

b) $\sqrt[3]{\sqrt{\sqrt{5}}} =$

c) $\sqrt{\sqrt{a}} =$

d) $\sqrt[3]{\sqrt[5]{a}} =$

e) $\sqrt{\sqrt{a^6}} = \sqrt[4]{a^6} = \sqrt[2]{a^3} = \sqrt{a^2} \cdot \sqrt{a} = a\sqrt{a}$

f) $\sqrt[5]{\sqrt{3^2}} =$

g) $(\sqrt{4x^3})^2 = \sqrt{(4x^3)^2} = 4x^3$

h) $(5\sqrt{2})^2 = 5^2 \cdot (\sqrt{2})^2 = 25 \cdot 2 = 50$

i) $(3a\sqrt{5})^2 =$

5. Racionalização de denominadores

> Racionaliza-se o denominador de uma fração multiplicando seu numerador e seu denominador pelo fator racionalizante. Esse processo converte uma fração com denominador irracional em uma fração equivalente de denominador racional.
>
> Exemplo:
> $\dfrac{2}{\sqrt[2]{5}} = \dfrac{2}{\sqrt[2]{5}} \times \dfrac{\sqrt[2]{5}}{\sqrt[2]{5}} = \dfrac{2\sqrt[2]{5}}{(\sqrt[2]{5})^2} = \dfrac{2\sqrt[2]{5}}{5}$

e) $\dfrac{\sqrt{8}}{\sqrt{3}} =$

f) $\dfrac{2}{\sqrt{10}} =$

g) $\dfrac{\sqrt{3}}{\sqrt{7}} =$

h) $\dfrac{15}{\sqrt{3}} =$

i) $\dfrac{\sqrt{2}}{\sqrt{3}} =$

7. Racionalize:

a) $\dfrac{8}{\sqrt{3}} =$

j) $\dfrac{5}{2\sqrt{3}} =$

b) $\dfrac{2}{\sqrt{5}} =$

k) $\dfrac{8}{3\sqrt{2}} =$

c) $\dfrac{7}{\sqrt{2}} =$

l) $\dfrac{\sqrt{7}}{2\sqrt{3}} =$

d) $\dfrac{\sqrt{3}}{\sqrt{2}} =$

m) $\dfrac{\sqrt{3}}{5\sqrt{2}} =$

n) $\dfrac{8}{3\sqrt{7}} =$

8. Associe a coluna da esquerda com a da direita escrevendo dentro dos parênteses a letra correspondente.

a) $\dfrac{5}{\sqrt{2}}$ ( ) $\dfrac{\sqrt{ab}}{b}$

b) $\dfrac{3}{\sqrt{3}}$ ( ) $\dfrac{5\sqrt{2}}{2}$

c) $\dfrac{7}{\sqrt{2}}$ ( ) $\dfrac{a\sqrt{b}}{b}$

d) $\dfrac{a}{\sqrt{b}}$ ( ) $\dfrac{3\sqrt{a}}{a}$

e) $\dfrac{3}{\sqrt{a}}$ ( ) $\dfrac{7\sqrt{2}}{2}$

f) $\dfrac{\sqrt{a}}{\sqrt{b}}$ ( ) $\dfrac{3\sqrt{3}}{3} = \sqrt{3}$

Fator racionalizante

Em $\dfrac{3}{\sqrt[5]{a^2}}$, o fator racionalizante é $\sqrt[5]{a^3}$, pois:

$\sqrt[5]{a^2} \cdot \sqrt[5]{a^3} = \sqrt[5]{a^5} = a$

$\dfrac{3 \cdot \sqrt[5]{a^3}}{\sqrt[5]{a^2} \cdot \sqrt[5]{a^3}} = \dfrac{3\sqrt[5]{a^3}}{\sqrt[5]{a^5}} = \dfrac{3\sqrt[5]{a^3}}{a}$

Observe:

De modo geral, o fator racionalizante de $\sqrt[n]{a^p}$ é $\sqrt[n]{a^{n-p}}$.

9. Racionalize.

a) $\dfrac{2}{\sqrt[3]{a}} =$

b) $\dfrac{5}{\sqrt[7]{a^3}} =$

c) $\dfrac{8}{\sqrt[5]{a}} =$

d) $\dfrac{3}{\sqrt[5]{2^3}} =$

e) $\dfrac{7}{\sqrt[8]{a}} =$

f) $\dfrac{2}{\sqrt[10]{3}} =$

g) $\dfrac{5}{\sqrt[4]{b}} =$

h) $\dfrac{3}{\sqrt{8}} =$

i) $\dfrac{6}{\sqrt{2}} =$

j) $\dfrac{\sqrt{3}}{\sqrt{9}} =$

Exemplos:

a) $\dfrac{3}{\sqrt{7}+\sqrt{3}}$ → o fator racionalizante é

$\sqrt{7}-\sqrt{3}$, pois:

$(\sqrt{7}+\sqrt{3})\cdot(\sqrt{7}-\sqrt{3}) = (\sqrt{7})^2 - (\sqrt{3})^2 = 7-3 = 4$

Então:

$\dfrac{3}{\sqrt{7}+\sqrt{3}} = \dfrac{3}{\sqrt{7}+\sqrt{3}} \cdot \dfrac{\sqrt{7}-\sqrt{3}}{\sqrt{7}-\sqrt{3}} = \dfrac{3(\sqrt{7}-\sqrt{3})}{4}$

b) $\dfrac{8}{3+\sqrt{5}}$ → o fator racionalizante é $3-\sqrt{5}$,

pois:

$(3+\sqrt{5})\cdot(3-\sqrt{5}) = (3)^2 - (\sqrt{5})^2 = 9-5 = 4.$

Então:

$\dfrac{8}{3+\sqrt{5}} = \dfrac{8}{3+\sqrt{5}} \cdot \dfrac{3-\sqrt{5}}{3-\sqrt{5}} = \dfrac{8\cdot(3-\sqrt{5})}{4} =$

$= 2(3-\sqrt{5})$

10. Racionalize.

a) $\dfrac{3}{\sqrt{5}+\sqrt{3}} =$

b) $\dfrac{7}{\sqrt{8}-\sqrt{2}} = \dfrac{7}{\sqrt{2^2}-\sqrt{2}} = \dfrac{7}{\sqrt{2^2}\cdot\sqrt{2}-\sqrt{2}}$

$\dfrac{7}{2\sqrt{2}-\sqrt{2}} = \dfrac{7}{\sqrt{2}} = \dfrac{7}{\sqrt{2}}\cdot\dfrac{\sqrt{2}}{\sqrt{2}} = \dfrac{7\sqrt{2}}{2}$

c) $\dfrac{2}{\sqrt{3}-\sqrt{2}} =$

d) $\dfrac{3}{2+\sqrt{3}} =$

e) $\dfrac{5}{3+\sqrt{2}} =$

f) $\dfrac{7}{\sqrt{7}-\sqrt{2}} =$

g) $\dfrac{5}{\sqrt{5}-\sqrt{2}} =$

h) $\dfrac{6}{\sqrt{8}+\sqrt{2}} =$

6. Extração da raiz quadrada

> Para extrair a raiz de números quadrados perfeitos, basta decompor esses números em seus fatores primos e simplificar o radical.
>
> Exemplo:
>
> $\sqrt{144} = \sqrt{2^4 \cdot 3^2} = 2^2 \cdot 3 = 12$

11. Obtenha os valores das raízes.

a) $\sqrt{4} =$

b) $\sqrt{25} =$

c) $\sqrt{49} =$

d) $\sqrt{100} =$

e) $\sqrt{64} =$

f) $\sqrt{81} =$

g) $\sqrt{225} =$

h) $\sqrt{196} =$

i) $\sqrt{1} =$

j) $\sqrt{121} =$

k) $\sqrt{36} =$

l) $\sqrt{400} =$

m) $\sqrt{900} =$

n) $\sqrt{1600} =$

o) $\sqrt{625} =$

p) $\sqrt{1296} =$

q) $\sqrt{2500} =$

r) $\sqrt{10000} =$

12. Efetue.

a) $2\sqrt{5} - 5\sqrt{5} + 10\sqrt{5} - \sqrt{5} =$

b) $\sqrt{48} + 2\sqrt{3} - \sqrt{27} + 3\sqrt{12} =$

c) $\sqrt{2} \cdot \sqrt{4} \cdot \sqrt{3} \cdot \sqrt{5} =$

d) $\sqrt[3]{2} \cdot \sqrt[4]{a^3} =$

e) $\sqrt{x^3} \div \sqrt{x} =$

f) $\sqrt[4]{a^3} \div \sqrt[6]{a} =$

13. Racionalize.

a) $\dfrac{3}{\sqrt{5}} =$

b) $\dfrac{3}{\sqrt{x}} =$

c) $\dfrac{\sqrt{x}}{\sqrt{y}} =$

d) $\dfrac{x}{\sqrt{x} - \sqrt{y}} =$

e) $\dfrac{1}{\sqrt{3} + \sqrt{2}} =$

f) $\dfrac{1}{\sqrt[5]{7^2}} =$

CAPÍTULO 3 – EQUAÇÕES DO 2º GRAU

Equações do tipo $ax^2 + bx + c = 0$, com a, b e c reais e $a \neq 0$, são denominadas **equações do 2º grau**.

a, b e c são os **coeficientes** da equação. O coeficiente c é chamado termo independente.

Exemplo:

Escreva a equação que representa a área deste paralelogramo:

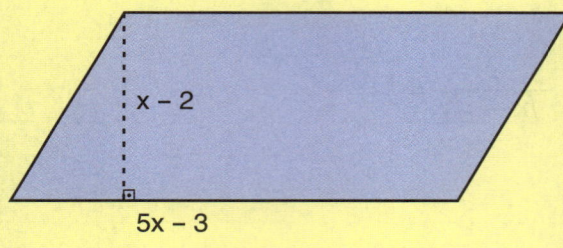

$(x - 2) \cdot (5x - 3) = 5x^2 - 3x - 10x + 6 =$
$= 5x^2 - 13x + 6$
$a = 5; \quad b = -13 \quad e \quad c = 6$

1. Determine os valores dos coeficientes a, b e c destas equações.

a) $5x^2 - 7x - 3 = 0$

b) $x^2 - 4x + 2 = 0$

c) $x^2 - x - 1 = 0$

d) $2x^2 + 7x + 8 = 0$

e) $5x^2 - 13x - 10 = 0$

1. Equações do 2º grau incompletas

São equações que possuem os coeficientes *b* e *c* nulos, ou apenas um deles nulo.

Exemplos:

$5x^2 = 0 \qquad 3x^2 + 2x = 0 \qquad 3x^2 + 9 = 0$

2. Dados os valores dos coeficientes a, b e c, determine as equações do 2º grau com incógnita x.

Exemplo: $a = 1; b = 5; c = -3 \rightarrow$
$\rightarrow x^2 + 5x - 3 = 0$

a) $a = 1; b = -6; c = 5$

b) $a = 3; b = 7; c = 8$

c) $a = 5; b = 10; c = 0$

d) a = 3; b = 0; c = –75

e) a = 8; b = 0; c = 0

f) a = 1; b = –3; c = 4

g) a = 7; b = 1; c = –15

2. Resolução de equações do 2º grau incompletas em R

> Resolver uma equação é determinar seu conjunto solução S.
>
> **1º caso:** Quando os coeficientes **b** e **c** são nulos, ou seja, b = 0 e c = 0.
> b = 0 e c = 0
> $ax^2 = 0$
> $x^2 = \frac{0}{a} \rightarrow x^2 = 0 \rightarrow x \cdot x = 0 \rightarrow$
> $\rightarrow S = \{0\}$
>
> **2º caso:** Quando somente o coeficiente c é nulo, ou seja, b ≠ 0 e c = 0.
> $ax^2 + bx = 0$
> Colocando x em evidência:
> x (ax + b) = 0, um produto só é nulo quando um dos fatores é zero; assim:
> $x = 0$ ou $ax + b = 0 \rightarrow x = \frac{-b}{a} \rightarrow$
> $\rightarrow S = \left\{0, \frac{-b}{a}\right\}$

3. Determine o conjunto solução das equações, sendo U = R.

a) $5x^2 = 0$

b) $3x^2 = 0$

c) $4x^2 = 0$

d) $7x^2 = 0$

e) $10x^2 = 0$

f) $x^2 - 5x = 0$

g) $x^2 - 7x = 0$

h) $x^2 + 3x = 0$

i) $5x^2 + 10x = 0$

j) $3x^2 - 6x = 0$

k) $4x^2 - 7x = 0$

l) $9x^2 - 9x = 0$

m) $3x^2 + 5x = 0$

n) $x^2 - x = 0$

> **3º caso:** Quando somente o coeficiente b é nulo, ou seja, b = 0 e c ≠ 0.
>
> $ax^2 + c = 0 \rightarrow ax^2 = -c \rightarrow x^2 = \dfrac{-c}{a}$
>
> Então, $x = \pm\sqrt{\dfrac{-c}{a}} \rightarrow S = \left\{\pm\sqrt{\dfrac{-c}{a}}\right\}$

4. Resolva as equações do 2º grau, sendo U = R:

a) $6x^2 = 0$

b) $x^2 - 49 = 0$

c) $x^2 - 9 = 0$

d) $2x^2 - 32 = 0$

e) $x^2 + 25 = 0$

f) $x^2 - 7 = 0$

g) $5x^2 + 20 = 0$

h) $-3x^2 + 7 = 0$

i) $8x^2 - 8x = 0$

j) $-x^2 - x = 0$

3. Resolução de equações do 2º grau completas em R

Considere a equação completa
$ax^2 + bx + c = 0$.

Para determinar os valores de x que satisfazem essa equação (raízes), utilizamos o seguinte procedimento:

- Determinamos o valor do discriminante, por meio da expressão
  $\Delta = b^2 - 4ac$

- Para determinar as raízes da equação, substituímos o valor obtido na fórmula $x = \dfrac{-b \pm \sqrt{\Delta}}{2a}$, comumente conhecida como fórmula de Bhaskara.

Exemplo: Determine as raízes da equação $x^2 - 7x + 6 = 0$.

$x^2 - 7x + 6 = 0$

$a = 1;\quad b = -7;\quad c = 6$

$\Delta = b^2 - 4 \cdot a \cdot c = (-7)^2 - 4 \cdot 1 \cdot 6 =$
$= 49 - 24 = 25 \rightarrow \Delta = 25$

$x = \dfrac{-b \pm \sqrt{\Delta}}{2 \cdot a} = \dfrac{7 \pm \sqrt{25}}{2 \cdot 1} = \dfrac{7 \pm 5}{2} \rightarrow$

$x_1 = \dfrac{7 + 5}{2} = \dfrac{12}{2} \rightarrow x_1 = 6$

$x_2 = \dfrac{7 - 5}{2} = \dfrac{2}{2} \rightarrow x_2 = 1$

$S = \{1, 6\}$

5. Resolva as equações do 2º grau em R.

a) $x^2 - 8x + 15 = 0$

b) $x^2 + 10x + 25 = 0$

c) $3x^2 + 4x + 1 = 0$

6. Resolva as equações do 2º grau em R.

a) $x^2 + 5x + 6 = 0$

b) $x^2 - 7x + 12 = 0$

d) $-x^2 + 12x - 20 = 0$

c) $x^2 + 5x + 4 = 0$

d) $2x^2 + 3x + 1 = 0$

e) $x^2 - 18x + 45 = 0$

f) $-x^2 - x + 30 = 0$

g) $x^2 - 6x + 9 = 0$

h) $x^2 - 3x + 10 = 0$

i) $5x^2 + 6x + 3 = 0$

j) $7x^2 + x + 2 = 0$

k) $2x^2 + 5x - 3 = 0$

l) $6x^2 + x - 1 = 0$

m) $6x^2 - 13x + 6 = 0$

n) $5x^2 - 11x + 2 = 0$

o) $x^2 - 2x + 1 = 0$

p) $x^2 - 4x + 5 = 0$

q) $4x^2 + 11x - 3 = 0$

Para determinar as raízes de uma equação do 2º grau com o auxílio da fórmula de Bhaskara, a equação deve ser expressa na forma geral $ax^2 + bx + c = 0$.

Exemplo:

$(x + 3)^2 = 1$

$x^2 + 6x + 9 = 1$

$x^2 + 6x + 8 = 0$

$\Delta = 36 - 32 \rightarrow \Delta = 4$

$x = \dfrac{-6 \pm 2}{2}$

$x_1 = \dfrac{-6 - 2}{2} = \dfrac{-8}{2} \rightarrow x_1 = -4$

$x_2 = \dfrac{-6 + 2}{2} = \dfrac{-4}{2} \rightarrow x_2 = -2$

$S = \{-4, -2\}$

7. Resolva as equações em R.

a) $(3x + 1)^2 = 0$

b) $(2x - 4)^2 = 0$

c) $(x - 3)^2 = -2x^2$

d) $x(x - 5) = -6$

e) $x(3x + 4) = -1$

f) $\dfrac{x^2}{2} + x = 0$

h) $\dfrac{1}{x} = \dfrac{x}{9}$ ($x \neq 0$)

i) $(x - 5)^2 = 4$

g) $\dfrac{6}{x^2} = -\dfrac{1}{x} + 1$ ($x \neq 0$)

$\dfrac{6}{x^2} = \dfrac{-x}{x^2} + \dfrac{x^2}{x^2}$

$6 = -x + x^2$

$-x^2 + x + 6 = 0$

$x^2 - x - 6 = 0$

$\Delta = 1 + 24 \longrightarrow \Delta = 25$

$x = \dfrac{1 \pm 5}{2}$
- $x_1 = \dfrac{1 - 5}{2} = \dfrac{-4}{2} \longrightarrow x_1 = -2$
- $x_2 = \dfrac{1 + 5}{2} = \dfrac{6}{2} \longrightarrow x_2 = 3$

$S = \{-2, 3\}$

j) $x(2x - x) = 5x - 6$

k) $(x+5)(x-5) = 0$

l) $(x+3)(x-3) = 0$

m) $\dfrac{x^2+3x}{6} = \dfrac{2}{3}$

n) $\dfrac{5x^2}{3} - \dfrac{2x}{5} = 0$

o) $(x-2)(x-3) = 12$

4. Discussão quanto às raízes de uma equação do 2º grau

> A resolução de equações do 2º grau, por meio da fórmula de Bhaskara, depende do valor do discriminante Δ:
> - Quando $\Delta > 0$, a equação apresenta duas raízes reais e diferentes.
> - Quando $\Delta = 0$, a equação apresenta duas raízes reais e iguais.
> - Quando $\Delta < 0$, a equação não apresenta nenhuma raiz real.

8. Calcule apenas o Δ e responda se a equação admite: duas raízes reais e diferentes, duas raízes reais e iguais ou não admite nenhuma raiz real.

a) $x^2 - 5x + 1 = 0$

b) $x^2 + 6x + 8 = 0$

c) $x^2 - 3x + 4 = 0$

d) $x^2 - 16x + 64 = 0$

e) $5x^2 + x + 3 = 0$

f) $x^2 - 3x = 0$

g) $4x^2 - 16 = 0$

h) $x^2 + 5 = 0$

5. Como determinar os coeficientes de uma equação do 2º grau

Exemplos:

1) Calcule o valor de *m* na equação $x^2 - 4x - m = 0$, para que ela admita duas raízes reais e diferentes.

$x^2 - 4x - m = 0$

$a = 1; \quad b = -4; \quad c = -m$

$\Delta = b^2 - 4ac = (-4)^2 - 4 \cdot 1 \cdot (-m) = 16 + 4m$

$\Delta = 16 + 4m$

Para que essa equação tenha duas raízes reais e diferentes o valor de Δ tem que ser maior do que zero ($\Delta > 0$). Como $\Delta = 16 + 4m$, temos:

$16 + 4m > 0$

$4m > -16$

$m > \dfrac{-16}{4} \rightarrow m > -4$

Para essa equação ter duas raízes reais diferentes, o valor de m tem que ser maior do que –4.

2) Calcule o valor de *k* na equação $x^2 - 10x + 5k = 0$, para que ela admita duas raízes reais e iguais.

$x^2 - 10x + 5k = 0$

$a = 1; \quad b = -10; \quad c = 5k$

$\Delta = b^2 - 4ac = (-10)^2 - 4 \cdot 1 \cdot 5k = 100 - 20k$

$\Delta = 100 - 20k$, para termos raízes reais e iguais:

$\Delta = 0$, então,

$100 - 20k = 0$

$-20k = -100 \; (-1)$

$20k = 100$

$k = \dfrac{100}{20} \rightarrow k = 5$

3) Calcule o valor de *m* na equação $x^2 - 8x + (m + 1) = 0$, para que ela não admita nenhuma raiz real.

$x^2 - 8x + (m + 1) = 0$

$a = 1; \quad b = -8; \quad c = m + 1$

$\Delta = b^2 - 4ac = (-8)^2 - 4 \cdot 1 \cdot (m + 1) =$

$= 64 - 4m - 4$

$\Delta = 60 - 4m$, para que ela não admita nenhuma raiz real:

$\Delta < 0$, então,

$60 - 4m < 0$

$-4m < -60 \; (-1)$

$4m > 60 \rightarrow m > \dfrac{60}{4} \rightarrow m > 15$

9. Para que valores de m a equação $x^2 - 4x + 2m = 0$ possui duas raízes reais e diferentes?

10. Para que valores de m a equação $x^2 + 2x + 6m = 0$ possui duas raízes reais e diferentes?

11. Calcule o valor de k na equação $x^2 + x + 3k = 0$, para que ela admita duas raízes reais e diferentes.

12. Para que valores de m a equação $5x^2 + 10x - m = 0$ possui duas raízes reais e iguais?

13. Calcule o valor de p na equação $3x^2 - 5x + 5p = 0$, para que ela admita duas raízes reais e iguais.

14. Para que valores de k a equação $x^2 - 8x + (k + 1) = 0$ admite duas raízes reais e iguais?

15. Para que valores de m a equação $x^2 - 3x + (m - 1) = 0$ não admite nenhuma raiz real?

16. Calcule o valor de k na equação $x^2 - 10x + k = 0$, para que ela não admita nenhuma raiz real.

17. Calcule o valor de p na equação $x^2 - 6x - p = 0$, para que ela:

a) não admita nenhuma raiz real;

b) admita duas raízes reais e iguais;

c) admita duas raízes reais e desiguais.

18. Determine o valor de m na equação $x^2 - 3x + (m + 1) = 0$, para que ela:

a) admita duas raízes reais e iguais;

b) admita duas raízes reais e diferentes;

c) não admita nenhuma raiz real.

6. Relações entre coeficientes e raízes de uma equação do 2º grau

Soma das raízes

$x_1 + x_2 = \dfrac{-b}{a} \rightarrow S = \dfrac{-b}{a}$

Produto das raízes

$x_1 \cdot x_2 = \dfrac{c}{a} \rightarrow P = \dfrac{c}{a}$

Exemplos:
Determine a soma e o produto das raízes sem resolver a equação:

a) $3x^2 + 6x - 9 = 0$

$x_1 + x_2 = \dfrac{-b}{a} = \dfrac{-6}{3} = -2 \rightarrow S = -2$

$x_1 \cdot x_2 = \dfrac{c}{a} = \dfrac{-9}{3} = -3 \rightarrow P = -3$

b) $x^2 - 5x = 0$

$x_1 + x_2 = \dfrac{-b}{a} = \dfrac{-(-5)}{1} = \dfrac{5}{1} = 5 \rightarrow S = 5$

$x_1 \cdot x_2 = \dfrac{c}{a} = \dfrac{0}{1} = 0 \rightarrow P = 0$

19. Determine a soma **S** e o produto **P** das raízes das equações, sem resolvê-las:

a) $x^2 - 6x + 8 = 0$

b) $5x^2 + 10x - 20 = 0$

c) $3x^2 - 6x - 10 = 0$

d) $7x^2 + 14x - 21 = 0$

e) $x^2 - 3x = 0$

f) $x^2 + 7x = 0$

g) $x^2 - 9 = 0$

h) $5x^2 + 7x = 0$

i) $9x^2 - 18x = 0$

j) $6x^2 = 0$

k) $3x^2 + 5x - 7 = 0$

l) $8x^2 - 3x - 16 = 0$

7. Formando uma equação do 2º grau a partir de suas raízes

> Considere a equação $ax^2 + bx + c = 0$ ($a \neq 0$).
> Dividindo-a por **a**, temos:
>
> $x^2 + \dfrac{bx}{a} + \dfrac{c}{a} = 0$
>
> Sendo $S = x_1 + x_2 = \dfrac{-b}{a}$ e $P = x_1 \cdot x_2 = \dfrac{c}{a}$,
>
> então, podemos escrever: $x^2 - Sx + P = 0$
>
> Exemplo:
> Compor a equação do 2º grau de raízes $x_1 = 8$ e $x_2 = 2$.
>
> $\left. \begin{array}{l} S = x_1 + x_2 = 10 \\ P = x_1 \cdot x_2 = 16 \end{array} \right\} \rightarrow x^2 - 10x + 16 = 0$

20. Compor as equações do 2º grau (com a = 1) que têm por raízes:

a) 5 e 2

b) 1 e 1

c) 2 e 0

d) 0 e –3

e) 5 e –5

f) 0 e 0

g) 3 e 5

h) –2 e –5

i) 8 e –3

j) –2 e –3

k) 0 e –1

l) 4 e –5

Exemplos:

1) Determine dois números cuja soma seja 20 e o produto 36.

$\left.\begin{array}{l}S = 20\\P = 36\end{array}\right\} \rightarrow x^2 - 20x + 36 = 0$

Resolvendo a equação:

$\Delta = 400 - 4 \cdot 1 \cdot 36$

$\Delta = 256$

$x = \dfrac{20 \pm \sqrt{256}}{2} = \begin{cases} x_1 = \dfrac{20 + 16}{2} = \dfrac{36}{2} = 18 \\ \\ x_2 = \dfrac{20 - 16}{2} = \dfrac{4}{2} = 2 \end{cases}$

Os números são 18 e 2.

2) Determine m na equação $x^2 + 7x + m = 0$, de modo que uma raiz seja igual a 2.

$S = -7$ ou $x_1 + x_2 = -7$

$P = m$ ou $x_1 \cdot x_2 = m$

Se $x_1 = 2 \rightarrow 2 + x_2 = -7$

$ x_2 = -7 - 2 \rightarrow x_2 = -9$

Se $m = x_1 \cdot x_2 \rightarrow m = 2 \cdot (-9) \rightarrow m = -18$

21. Ache dois números cuja soma seja 30 e o produto 56.

22. Determine dois números cuja soma seja 15 e o produto 14.

23. Determine dois números que tenham por soma 36 e produto 180.

24. Calcule m na equação $x^2 - 5x + 3m = 0$, de modo que uma raiz seja igual a 3.

25. Determine o valor de k na equação $x^2 + 3x + (k + 1) = 0$, para que ela tenha duas raízes reais e iguais.

8. Raízes simétricas

> Raízes simétricas são aquelas cujos sinais são opostos.
> Genericamente: $|x_1| = |-x_2|$
> Quando as raízes são simétricas, temos $S = 0$, pois $S = x_1 + x_2$.

26. Determine p em $x^2 + (p - 5)x - 81 = 0$ para que as raízes sejam simétricas.

27. Determine o valor de k em $x^2 - (k + 2)x + 6 = 0$, para que as raízes sejam simétricas.

CAPÍTULO 4 – EQUAÇÕES BIQUADRADAS E EQUAÇÕES IRRACIONAIS

1. Equações biquadradas

Equações biquadradas são escritas genericamente da seguinte forma: $ax^4 + bx^2 + c = 0$. Para determinar suas raízes, devemos apresentá-la como uma equação do 2º grau.

Raiz de uma equação biquadrada

Exemplo: Sendo U = R, determine as raízes das equações seguintes.

a) $x^4 - 5x^2 + 4 = 0$
Substituindo x^2 por y e x^4 por y^2, vem:
$y^2 - 5y + 4 = 0$.

Resolvendo essa equação:

$\Delta = 25 - 16 = 9$

$y = \dfrac{5 \pm \sqrt{9}}{2} = \dfrac{5 \pm 3}{2} \to y_1 = 4 \text{ e } y_2 = 1$

Como $x^2 = y$, temos:

$x^2 = 4 \iff x = \pm\sqrt{4} \to \begin{cases} x_1 = 2 \\ x_2 = -2 \end{cases}$

$x^2 = 1 \iff x = \pm\sqrt{1} \to \begin{cases} x_3 = 1 \\ x_4 = -1 \end{cases}$

$S = \{-1, 1, -2, 2\}$

b) $x^4 + 2x^2 - 3 = 0$
Substituindo x^2 por y e x^4 por y^2, temos:
$y^2 + 2y - 3 = 0$

Resolvendo essa equação:

$\Delta = 4 + 12 = 16$

$y = \dfrac{-2 \pm \sqrt{16}}{2} = \dfrac{-2 \pm 4}{2} \to y_1 = 1 \text{ e } y_2 = -3$

Como $x^2 = y$, temos:

$x^2 = 1 \iff x = \pm\sqrt{1} \to \begin{cases} x_1 = 1 \\ x_2 = -1 \end{cases}$

$x^2 = -3 \iff x = \pm\sqrt{-3} \notin R$

$S = \{-1, 1\}$

Essa equação tem apenas duas raízes reais.

Agora, faça você.

1. Assinale as alternativas que apresentam equações biquadradas.

a) $x^2 + 3x - 7 = 0$ e) $5x^4 + x^3 - x^2 = 0$

b) $x^4 - x^2 + 3 = 0$ f) $3x^4 + 5x^2 - 10 = 0$

c) $x^4 - 25 = 0$ g) $x^4 + 5x^2 + 8 = 0$

d) $x^4 - 16x^2 = 0$ h) $x^4 + 5x + 10 = 0$

2. Resolva as equações para U = R.

a) $x^4 - 17x^2 + 16 = 0$

b) $x^4 - 13x^2 + 36 = 0$

e) $x^4 - 2x^2 + 7 = 0$

c) $x^4 - 6x^2 + 5 = 0$

f) $x^4 + 3x^2 + 5 = 0$

d) $x^4 + x^2 - 2 = 0$

g) $x^4 - 64 = 0$

2. Equações irracionais

> Equações que possuem variáveis em um radicando são denominadas **equações irracionais**. Exemplo: $\sqrt{2x+3} = 3x - 17$

Solução de uma equação irracional

Exemplos: Determine a solução das equações irracionais, para U = R.

1) $\sqrt{x} = 7$

Elevando ao quadrado ambos os membros:

$(\sqrt{x})^2 = 7^2 \longrightarrow x = 49$

Verificação:

$\sqrt{49} = 7 \longrightarrow 7 = 7$ (Verdadeiro)

Logo, S = {49}.

2) $5 + 3\sqrt{x-1} = x$

Isolamos o radical no 1º membro:

$3\sqrt{x-1} = x - 5$

Elevamos ao quadrado ambos os membros:

$(3\sqrt{x-1})^2 = (x-5)^2$

$9(x-1) = x^2 - 10x + 25$

$9x - 9 = x^2 - 10x + 25$

$x^2 - 19x + 34 = 0$

Resolvendo essa equação, temos:

$x_1 = 17$ e $x_2 = 2$

Verificação:

Para $x = 17 \longrightarrow 3\sqrt{17-1} = 17 - 5$

$3 \cdot 4 = 12 \longrightarrow 12 = 12$ (Verdadeiro)

Para $x = 2 \longrightarrow 3\sqrt{2-1} = 2 - 5$

$3 \cdot 1 = -3 \longrightarrow 3 = -3$ (Falso)

Logo, S = {17}.

3) $\sqrt{x+20} - \sqrt{x+4} = 2$

Isolamos um dos radicais em um dos membros:

$\sqrt{x+20} = 2 + \sqrt{x+4}$

Elevamos ao quadrado ambos os membros:

$(\sqrt{x+20})^2 = (2 + \sqrt{x+4})^2$

$x + 20 = 4 + 4\sqrt{x+4} + x + 4$

Isolamos novamente o radical:

$x + 20 - 4 - x - 4 = 4\sqrt{x+4}$

$12 = 4\sqrt{x+4}$, dividindo ambos os membros por 4:

$3 = \sqrt{x+4}$

Elevamos ao quadrado ambos os membros:

$9 = x + 4 \longrightarrow x = 5$

Verificação:

$\sqrt{5+20} - \sqrt{5+4} = 2$

$\sqrt{25} - \sqrt{9} = 2$

$5 - 3 = 2$

$2 = 2$ (Verdadeiro)

Logo, S = {5}.

4) $\sqrt[3]{5 + \sqrt{x+2}} = 2$

Elevamos ao cubo ambos os membros:

$(\sqrt[3]{5 + \sqrt{x+2}})^3 = 2^3$

$5 + \sqrt{x+2} = 8$

Isolamos o radical e elevamos ao quadrado ambos os membros:

$\sqrt{x+2} = 3$

$(\sqrt{x+2})^2 = 3^2$

$x + 2 = 9 \longrightarrow x = 7$

Verificação:

$\sqrt[3]{5 + \sqrt{7+2}} = 2$

$\sqrt[3]{5 + \sqrt{9}} = 2$

$\sqrt[3]{5 + 3} = 2$

$\sqrt[3]{8} = 2$

$2 = 2$ (Verdadeiro)

Logo, S = {7}.

3. Resolva as equações irracionais em R.

a) $\sqrt{x} = 5$

b) $\sqrt{x+3} = x-3$

c) $\sqrt{2x+2} = x+1$

d) $\sqrt{x+9} + x = 11$

e) $\sqrt[3]{x+1} = 2$

f) $\sqrt[5]{x} = 2$

g) $\sqrt{x} = x$

h) $4 = \sqrt[2]{x+4}$

i) $\sqrt{2x-10} = 3$

CAPÍTULO 5 – SISTEMAS DE EQUAÇÕES

Solução de um sistema de equações

Exemplos:

1) O produto de dois números reais é –180 e a soma desses números é 3. Quais são esses números?

$$\begin{cases} x \cdot y = -180 \\ x + y = 3 \end{cases}$$

Isolando x na equação x + y = 3, temos x = 3 – y.

Substituindo esse valor de x em x · y = –180, obtemos:

(3 – y) · y = –180

$3y - y^2 = -180$

$y^2 - 3y - 180 = 0$

Resolvendo essa equação do 2º grau, temos:

$y_1 = 15$; $y_2 = -12$

Substituindo y em x = 3 – y, temos:

Para y = 15 ⟶ x = 3 – 15 ⟶ x = –12 ⟶
⟶ (–12, 15)

Para y = –12 ⟶ x = 3 –(–12) ⟶ x = 15 ⟶
⟶ (15, –12)

Portanto, S = {(–12, 15), (15, –12)}.

2) $\begin{cases} x + y = 7 \\ x^2 + y^2 = 25 \end{cases}$

Isolando x na equação x + y = 7, temos x = 7 – y.

Substituindo esse valor de x em $x^2 + y^2 = 25$, obtemos:

$(7 - y)^2 + y^2 = 25$

$49 - 14y + y^2 + y^2 = 25$

$2y^2 - 14y + 49 - 25 = 0$

$2y^2 - 14y + 24 = 0$.

Dividindo ambos os membros por 2 e resolvendo a equação do 2º grau, temos:

$y_1 = 4$; $y_2 = 3$

Substituindo y em x = 7 – y, temos:

Para y = 4 ⟶ x = 7 – 4 ⟶ x = 3 ⟶ (3, 4)

Para y = 3 ⟶ x = 7 – 3 ⟶ x = 4 ⟶ (4, 3)

Portanto, S = {(3, 4), (4, 3)}.

---

1. Resolva os sistemas de equações.

a) $\begin{cases} x + y = 7 \\ x \cdot y = 10 \end{cases}$

b) $\begin{cases} x - y = 3 \\ x^2 + y^2 = 45 \end{cases}$

e) $\begin{cases} x = 2y \\ x^2 + y^2 = 45 \end{cases}$

c) $\begin{cases} x = 3y \\ 3x^2 + y^2 = 28 \end{cases}$

Determine a solução dos problemas a seguir.

2. Qual é o número que somado a seu quadrado resulta 56?

d) $\begin{cases} x - y = 9 \\ x \cdot y = -14 \end{cases}$

3. Um número ao quadrado mais o dobro desse número é igual a 35. Qual é esse número?

4. O quadrado de um número menos o seu triplo é igual a 40. Qual é esse número?

5. A soma das idades de um pai e de um de seus filhos é 40 anos, e a diferença dos quadrados das idades é 800. Quais são as idades?

6. Quantos lados tem o polígono que possui 5 diagonais?

Sugestão: usar $d = \dfrac{(n-3) \cdot n}{2}$, onde

d = nº de diagonais

n = nº de lados

CAPÍTULO 6 – FUNÇÕES

1. Produto cartesiano

Dados os conjuntos A = {1, 2, 3} e B = {2, 4}, por exemplo, chamamos de **produto cartesiano** de A por B o novo conjunto formado por todos os pares ordenados (x, y), em que x é um elemento de A e y é um elemento de B, tomados um a um.

A × B (lê-se: A cartesiano B) corresponde ao conjunto formado pelos seguintes pares ordenados:
(1, 2), (1, 4), (2, 2), (2, 4), (3, 2) e (3, 4).
A × B = {(1, 2), (1, 4), (2, 2), (2, 4), (3, 2), (3, 4)}

Nota: Um par ordenado consiste de dois elementos x e y, por exemplo, tomados numa determinada ordem: x é o 1º elemento e, consequentemente, y é o 2º. Sua designação é (x, y).
Representando esse produto cartesiano com um diagrama de flechas:

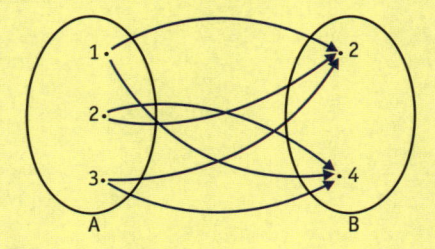

Observe que de cada elemento de A parte uma flecha em direção a um elemento de B.

1. Sendo A = {1, 3}, B = {1, 5} e C = {2, 3, 5}, efetue:

a) A × B

b) B × A

c) A × C

d) B × C

e) C × A

f) C × B

2. Dados: A × B = {(1, 5), (1, 6), (1, 7)} e C × D = {(1, 1), (1, 4), (3, 1), (3, 4)}, determine os conjuntos:

a) A

b) B

c) C

d) D

2. Relação binária

Considerando dois conjuntos A e B, não vazios, chamamos de **relação binária** (R) de A em B qualquer subconjunto do produto cartesiano de A por B.

Exemplo:

Considere os conjuntos A = {1, 2, 3} e B = {2, 4}.

Temos A × B = {(1, 2), (1, 4), (2, 2), (2, 4), (3, 2), (3, 4)}.

Vamos considerar alguns subconjuntos de A × B:

R_1 = {(1, 2), (1, 4)}

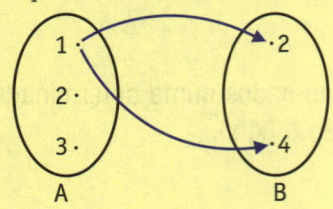

R_3 = {(1, 2), (2, 2), (3, 4)}

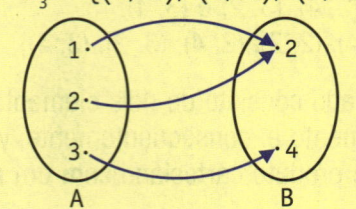

R_2 = {(2, 4)}

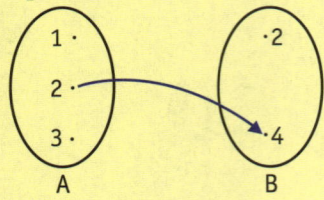

Note que os subconjuntos apresentados são relações binárias de A em B.

3. Dado o produto cartesiano A × B, assinale as alternativas que apresentam relações binárias de A em B.

A × B = {(1, 3), (1, 4), (1, 5), (2, 4), (2, 5)}

a) R = {(1, 3), (2, 5)}

b) R = {(1, 3), (4, 1), (1, 5)}

c) R = {(2, 3), (2, 4), (1, 3)}

d) R = {(1, 3), (2, 3), (5, 2)}

4. Dadas todas as relações binárias de A em B, apresente os conjuntos A e B.

R = {(2, 3), (2, 5), (4, 3), (4, 5), (6, 3), (6, 5), (8, 3), (8, 5)}

3. Função

Dados dois conjuntos A e B, **função** é uma lei que faz corresponder a cada elemento x do conjunto A um único elemento y do conjunto B.

Considere, por exemplo, o conjunto A = {1, 2, 3, 4}, que representa as medidas dos lados de quadrados, e o conjunto B = {1, 4, 9, 16}, que representa as áreas desses quadrados.

Neste diagrama de flechas, observe a função que leva os elementos de A ao seu quadrado em B.

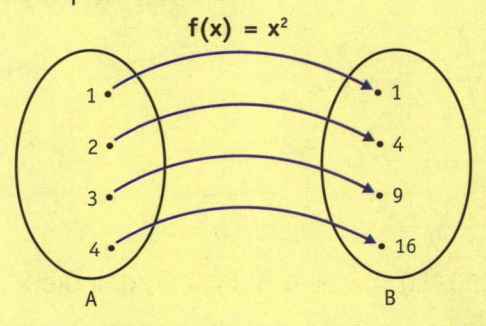

$f(x) = x^2$

Para todo elemento de A temos um único correspondente em B. Podemos então afirmar que temos uma função de A em B (indica-se f: A → B).

- O conjunto A é chamado de **domínio** da função, e o conjunto B de **contradomínio**.
- **x** e **y** são as variáveis, independente e dependente, respectivamente.
- Representa-se uma função por f(x).

5. Dados os diagramas, assinale as alternativas em que esses diagramas representam função.

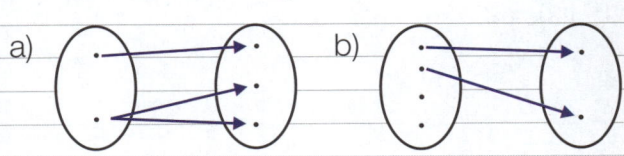

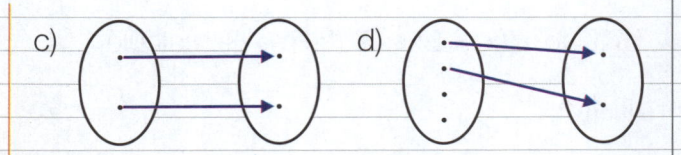

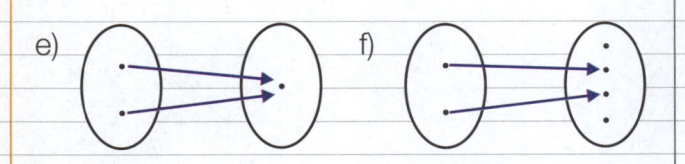

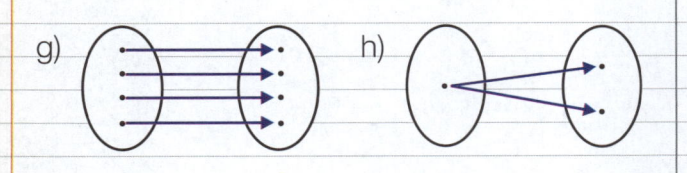

a) b) c) d) e) f) g) h) i) j)

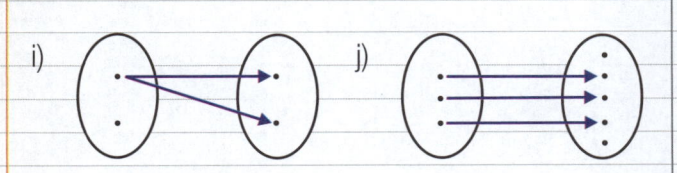

4. Valor numérico de uma função polinomial de R em R

Sendo f(x) = 2x + 5; por exemplo, temos:
- para x = 0
  f(0) = 2 · 0 + 5 = 5 → f(0) = 5;
- para x = 1
  f(1) = 2 · 1 + 5 = 7 → f(1) = 7;
- para x = 2
  f(2) = 2 · 2 + 5 = 9 → f(2) = 9;
- para x = −1
  f(−1) = 2 · (−1) + 5 = 3 → f(−1) = 3.

No diagrama de flechas, podemos observar que para cada valor de x temos um único correspondente f(x).

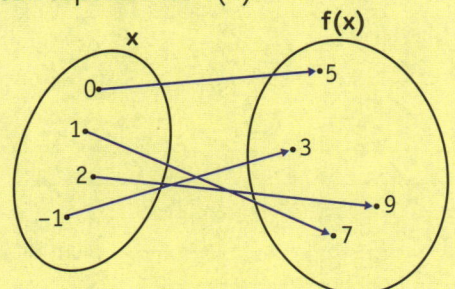

49

6. Dado f(x) = 3x + 7 (f: R → R), calcule.

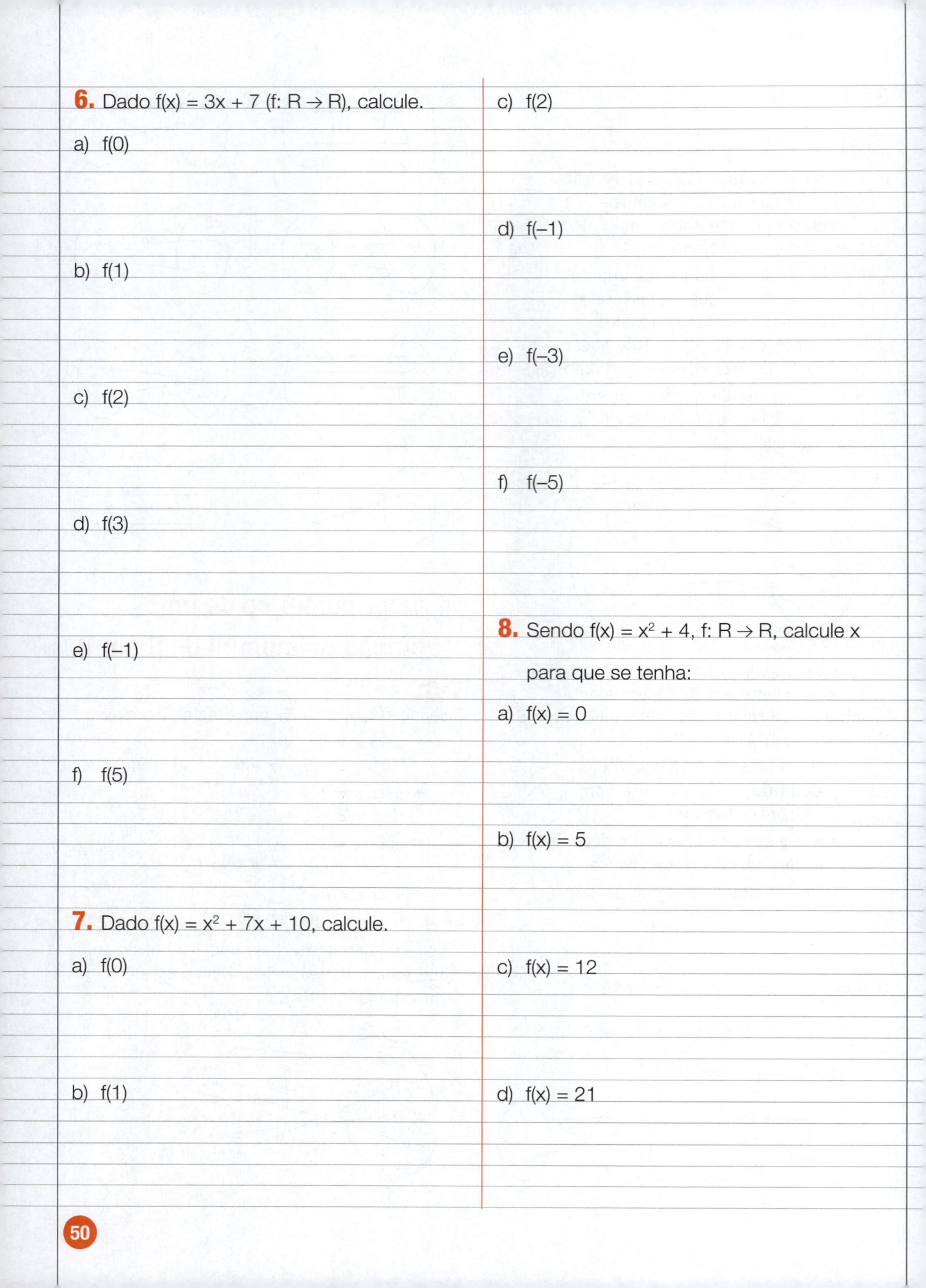

a) f(0)

b) f(1)

c) f(2)

d) f(3)

e) f(–1)

f) f(5)

c) f(2)

d) f(–1)

e) f(–3)

f) f(–5)

7. Dado f(x) = x² + 7x + 10, calcule.

a) f(0)

b) f(1)

8. Sendo f(x) = x² + 4, f: R → R, calcule x para que se tenha:

a) f(x) = 0

b) f(x) = 5

c) f(x) = 12

d) f(x) = 21

5. Função poliminial do 1º grau

Função do 1º grau

Uma função do tipo f(x) = ax + b, com a e b reais e a ≠ 0, definida de R em R, é chamada **função do 1º grau**.

Exemplo: Uma corrida de táxi custa o preço da bandeirada mais um determinado preço por quilômetro rodado.
Se a bandeirada custa R$ 3,20 e o quilômetro rodado custa R$ 1,50, veja a função que expressa essa situação.

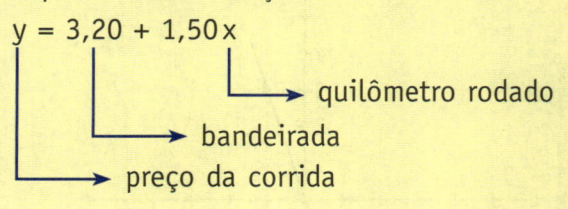

y = 3,20 + 1,50x
↳ quilômetro rodado
↳ bandeirada
↳ preço da corrida

Gráfico de uma função polinomial do 1º grau

Vamos construir o gráfico da função y = 2x + 1.
Inicialmente, atribuímos valores reais a x, e obtemos os valores correspondentes de y.

y = 2x + 1   (x, y)
- para x = 0 ⟶ y = 2 · 0 + 1 ⟶ y = 1   (0, 1)
- para x = 1 ⟶ y = 2 · 1 + 1 ⟶ y = 3   (1, 3)
- para x = 2 ⟶ y = 2 · 2 + 1 ⟶ y = 5   (2, 5)
- para x = 3 ⟶ y = 2 · 3 + 1 ⟶ y = 7   (3, 7)

Em seguida, dispomos os pares ordenados (x, y) no plano cartesiano e ligamos os pontos correspondentes de modo a determinar a reta da equação y = 2x + 1.

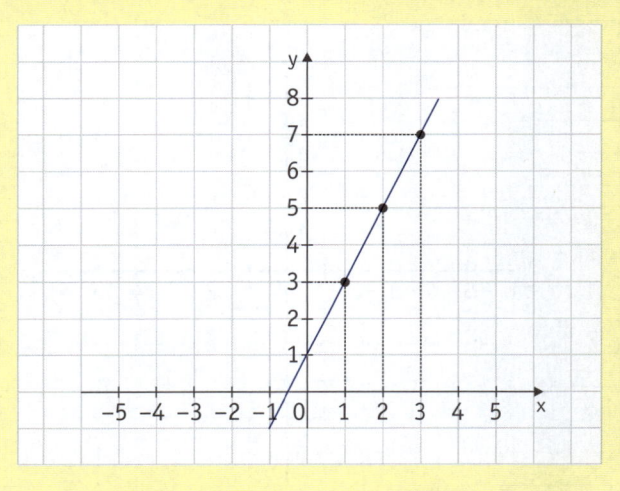

A representação gráfica de uma função polinomial do 1º grau é sempre uma **reta**. Assim, basta obtermos dois pontos (x, y) para determiná-la.

Exemplo:

Vamos construir o gráfico das seguintes funções polinomiais do 1º grau.

a) y = −3x + 2

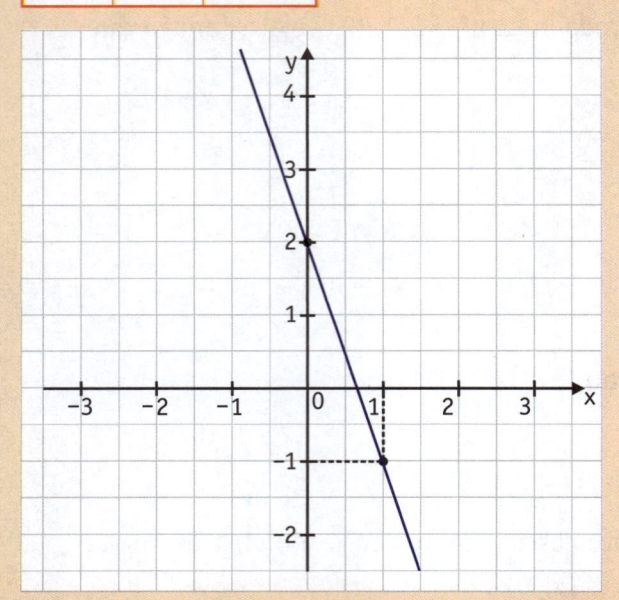

x	y	(x, y)
0	2	(0, 2)
1	−1	(1, −1)

b) y = 3x

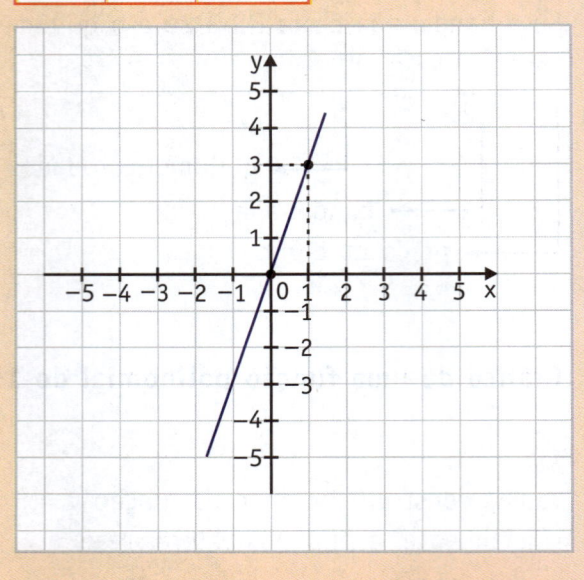

x	y	(x, y)
0	0	(0, 0)
1	3	(1, 3)

9. Construa o gráfico das funções polinomiais do 1º grau.

a) y = 2x + 2

x	y	(x, y)

b) y = 3x + 1

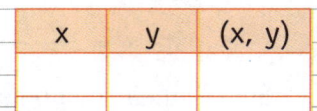

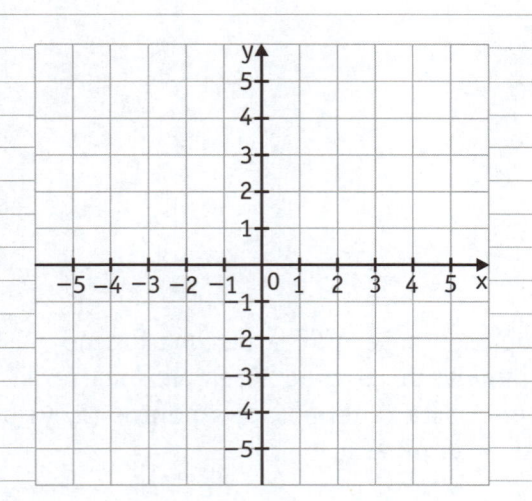

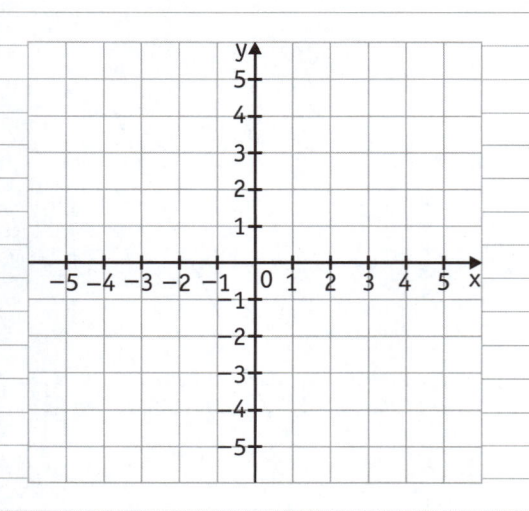

x	y	(x, y)

52

c) y = −2x + 3

x	y	(x, y)

d) y = 4x

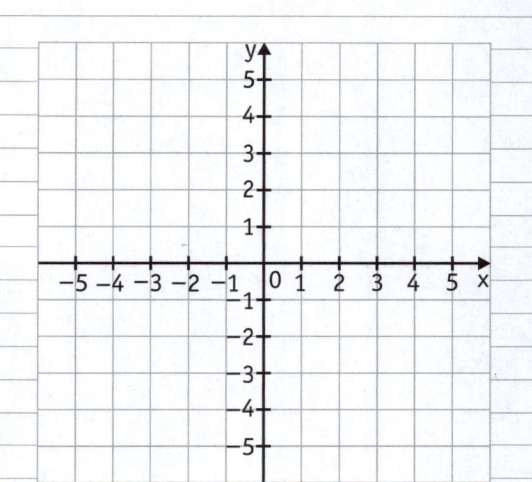

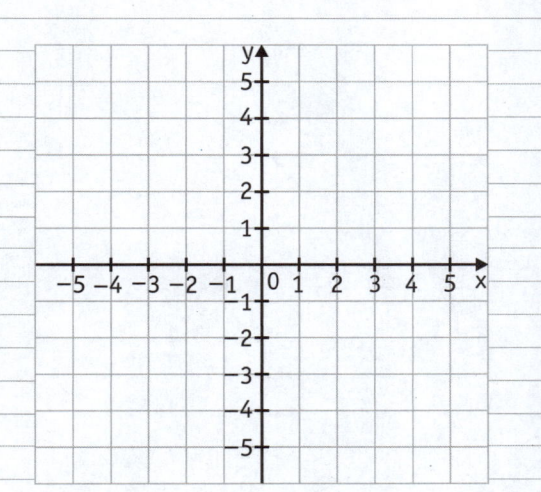

x	y	(x, y)

10. Construa o gráfico das funções polinomiais do 1º grau.

a) y = x

x	y	(x, y)

b) y = x + 3

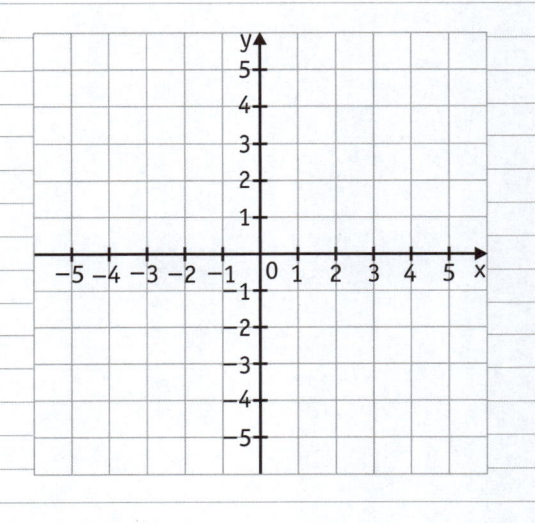

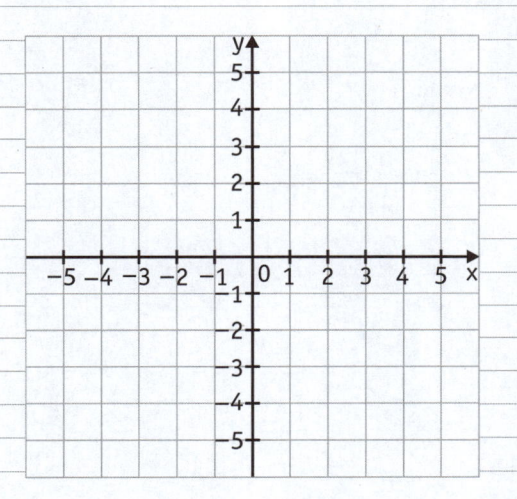

x	y	(x, y)

c) y = –2x + 1

x	y	(x, y)

d) y = –3x

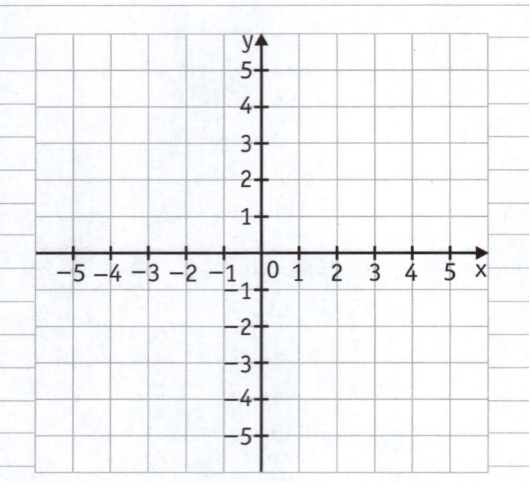

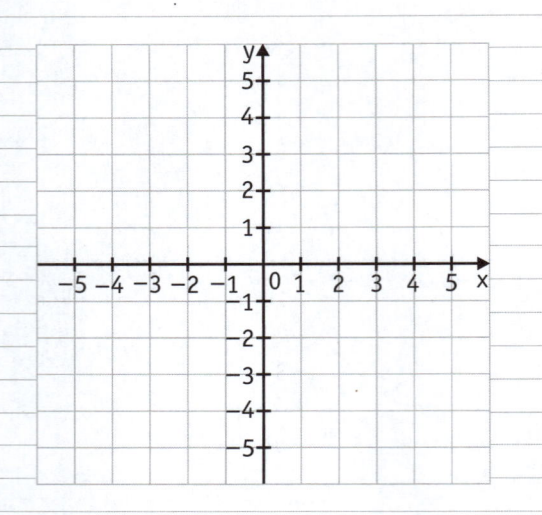

x	y	(x, y)

6. Função quadrática

Toda função polinomial do tipo $y = ax^2 + bx + c$, com a, b e c reais e $a \neq 0$, definida de R em R, é chamada de **função quadrática**.

Representação gráfica de uma função quadrática

A curva que representa o gráfico de uma função quadrática é denominada **parábola**.

A representação gráfica de funções do tipo $y = ax^2 + bx + c$, com a, b e c reais e $a \neq 0$, depende do valor de Δ, como mostra o quadro.

$y = ax^2 + bx + c$ $a \neq 0$	a > 0 (a positivo)	a < 0 (a negativo)
Δ > 0	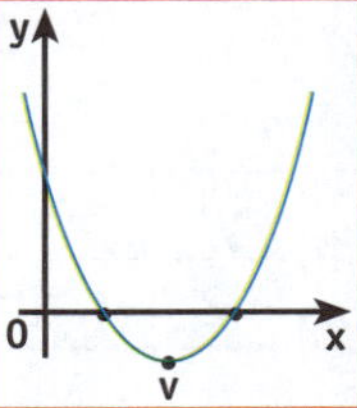	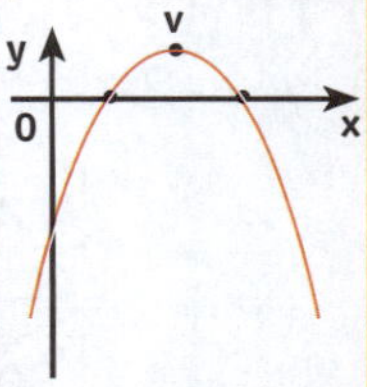
Δ = 0	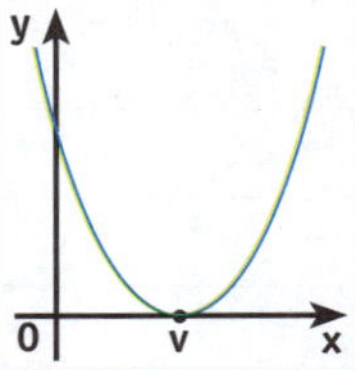	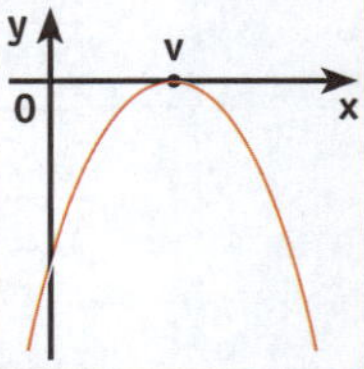
Δ < 0	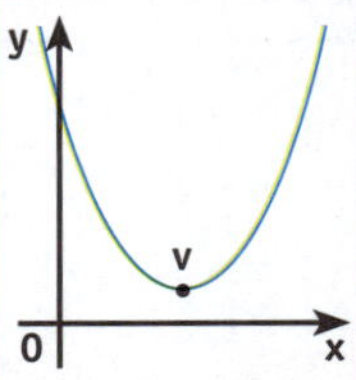	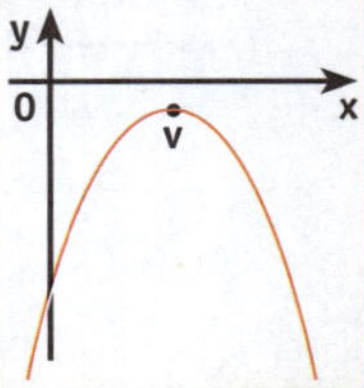

Observe que para Δ < 0, a parábola não corta o eixo x. Isso significa que a função não apresenta raízes reais.

Exemplos

1) Vamos construir o gráfico da função quadrática $y = x^2 + x - 6$.

- Atribuímos valores reais para x e obtemos os valores correspondentes de y.

$y = x^2 + x - 6$ (x, y)

- para x = 2
$y = 2^2 + 2 - 6 \rightarrow y = 0$ (2, 0)

- para x = 1
$y = 1^2 + 1 - 6 \rightarrow y = -4$ (1, −4)

- para x = 0
$y = 0 + 0 - 6 \rightarrow y = -6$ (0, −6)

- para x = −1
$y = (-1)^2 + (-1) - 6 \rightarrow$
$y = -6$ (−1, −6)

- para x = −2
$y = (-2)^2 + (-2) - 6 \rightarrow$
$y = -4$ (−2, −4)

- para x = −3
$y = (-3)^2 + (-3) - 6 \rightarrow$
$y = 0$ (−3, 0)

- Representamos os pares ordenados (x, y) no plano cartesiano e traçamos a **parábola** que passa por esses pontos.

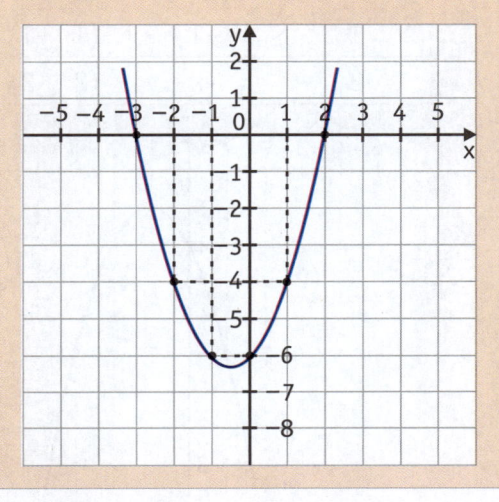

2) Vamos construir o gráfico das funções quadráticas.

a) $y = x^2$

x	y	(x, y)
−2	4	(−2, 4)
−1	1	(−1, 1)
0	0	(0, 0)
1	1	(1, 1)
2	4	(2, 4)

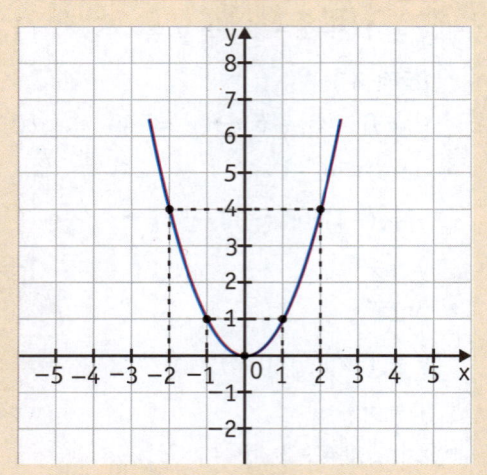

b) $y = -x^2 + 2x - 2$

x	y	(x, y)
−2	−10	(−2, −10)
−1	−5	(−1, −5)
0	−2	(0, −2)
1	−1	(1, −1)
2	−2	(2, −2)

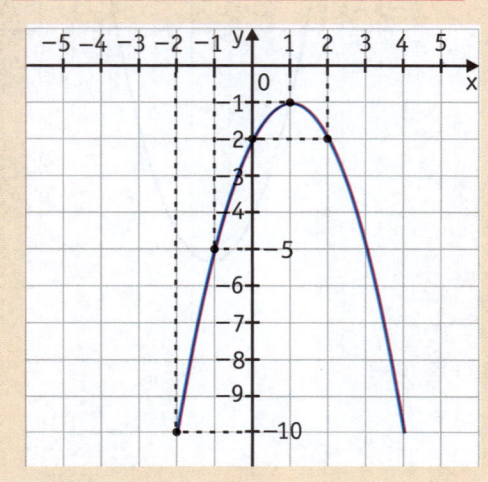

11. Complete a tabela e construa o gráfico das funções quadráticas de R em R.

a) $y = 2x^2$

x	y	(x, y)
−1	2	(−1, 2)
0		
1		
2		

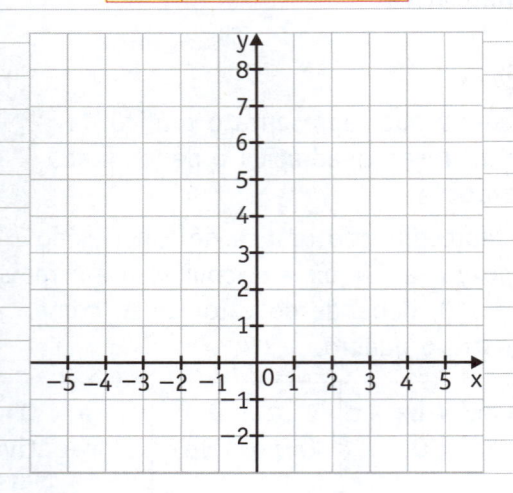

b) $y = -2x^2$

x	y	(x, y)
−1	−2	(−1, −2)
0		
1		
2		
−2		

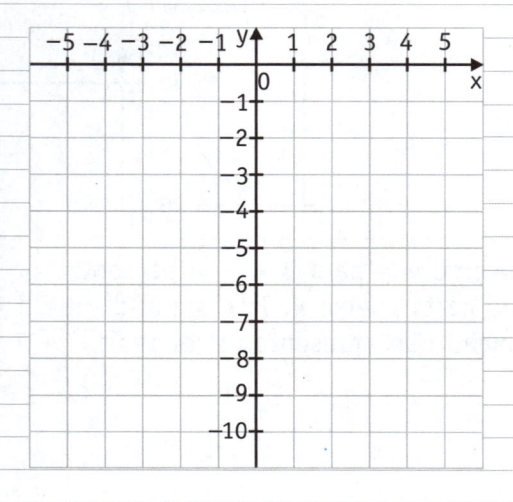

56

c) $y = x^2 + 2x - 3$

x	y	(x, y)
–3		(–3, 0)
–2		
–1		
0		
1		
2		

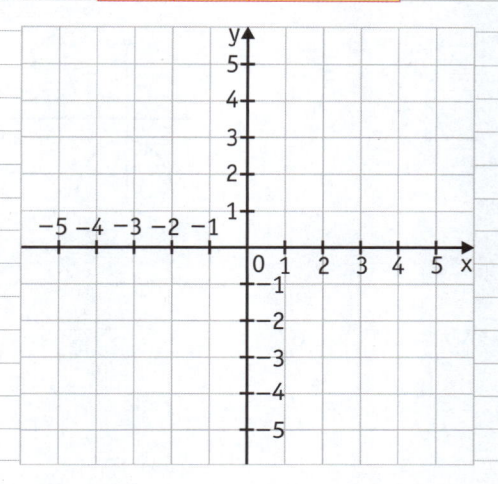

d) $y = -x^2 + 4x - 4$

x	y	(x, y)
–1		(–1, –9)
0		
1		
2		
3		
4		

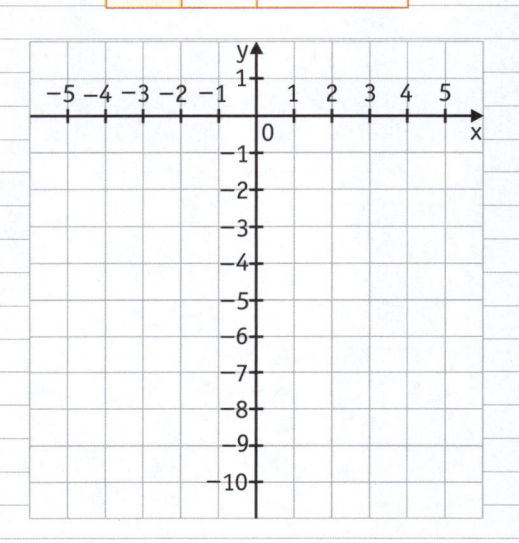

Concavidade de uma função quadrática

Na representação gráfica da função quadrática temos:

a) Se a > 0, a concavidade da parábola está voltada para cima.

b) Se a < 0, a concavidade da parábola está voltada para baixo.

Raízes de uma função quadrática

- Se $\Delta > 0$, a equação admite duas raízes reais e diferentes. Então, a parábola **corta o eixo x** em dois pontos distintos.
  Exemplo:
  $\Delta > 0$ e a > 0

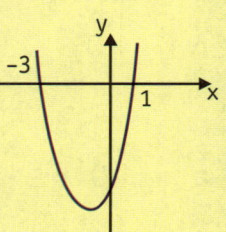

- Se $\Delta = 0$, a equação admite duas raízes reais e iguais; então a parábola **tangencia o eixo x**.
  Exemplo:
  $\Delta = 0$ e a > 0

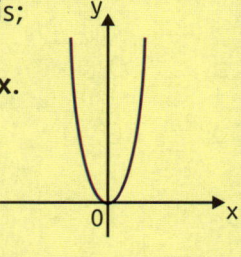

- Se $\Delta < 0$, a equação não admite raiz real; então a parábola **não tem ponto em comum com o eixo x**.
  Exemplo:
  $\Delta < 0$ e a < 0

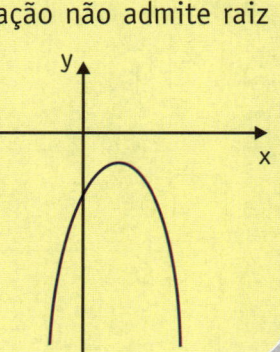

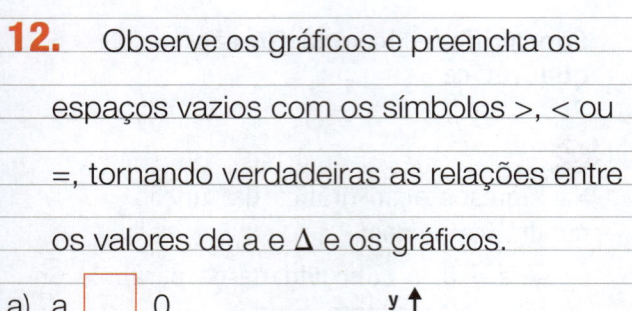

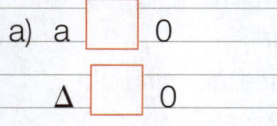

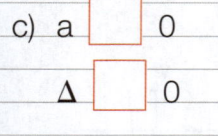

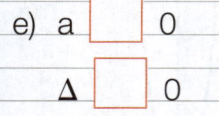

12. Observe os gráficos e preencha os espaços vazios com os símbolos >, < ou =, tornando verdadeiras as relações entre os valores de a e Δ e os gráficos.

a) a ☐ 0
   Δ ☐ 0

b) a ☐ 0
   Δ ☐ 0

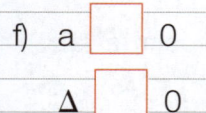

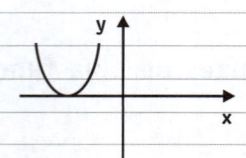

c) a ☐ 0
   Δ ☐ 0

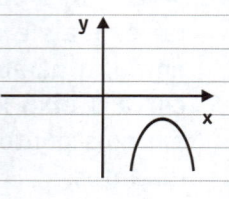

d) a ☐ 0
   Δ ☐ 0

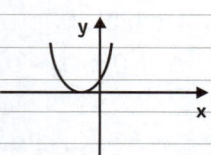

e) a ☐ 0
   Δ ☐ 0

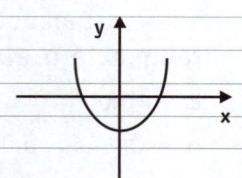

f) a ☐ 0
   Δ ☐ 0

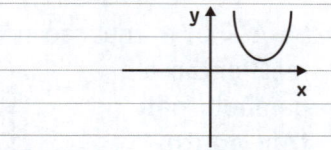

g) a ☐ 0
   Δ ☐ 0

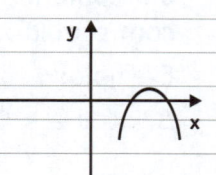

h) a ☐ 0
   Δ ☐ 0

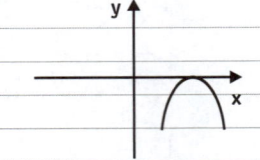

i) a ☐ 0
   Δ ☐ 0

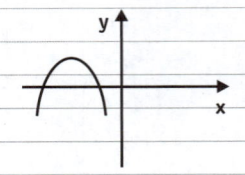

j) a ☐ 0
   Δ ☐ 0

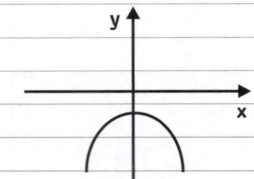

CAPÍTULO 7 – INEQUAÇÕES DO 2º GRAU

Resoluções de inequações do 2º grau

Resolver uma inequação do 2º grau do tipo $ax^2 + bx + c \leq 0$ ou $ax^2 + bx + c \geq 0$ é determinar o conjunto de valores de x que tornam a função verdadeira.

Exemplos

1) Vamos resolver a inequação
$x^2 + 3x + 2 > 0$.

Resolver essa inequação é determinar o conjunto de valores de x que tornam a função $x^2 + 3x + 2$ positiva. Esse conjunto de valores pode ser determinado por meio do gráfico da equação $x^2 + 3x + 2 = 0$.

$a = 1$ ($a > 0$) ⟶ concavidade para cima
$\Delta = 1$ ($\Delta > 0$) ⟶ corta o eixo x

$x_1 = \dfrac{-3 + 1}{2} = -1$

$x_2 = \dfrac{-3 - 1}{2} = -2$

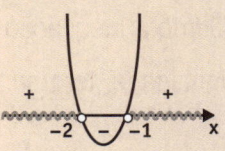

Observando atentamente o gráfico, verificamos que, para quaisquer valores de x menores que –2 ou maiores que –1, a função é positiva.
Então, $S = \{x \in R \,/\, x < -2$ ou $x > -1\}$.

2) $4x^2 - 5x + 1 < 0$
$a = 4$ ($a > 0$) ⟶ concavidade para cima
$\Delta = 9$ ($\Delta > 0$) ⟶ corta o eixo x

$x_1 = \dfrac{5 + 3}{8} = 1$

$x_2 = \dfrac{5 - 3}{8} = \dfrac{1}{4}$

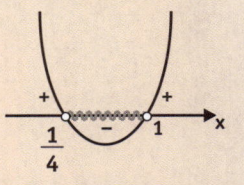

Os valores de x maiores que $\dfrac{1}{4}$ e menores que 1 (entre $\dfrac{1}{4}$ e 1) resolvem a inequação.
$S = \{x \in R \mid \dfrac{1}{4} < x < 1\}$

3) $-x^2 + 4x - 4 > 0$
$a = -1$ ($a < 0$) ⟶ concavidade para baixo
$\Delta = 0$ ⟶ tangencia o eixo x

$x_1 = x_2 = \dfrac{-4 \pm 0}{-2} = 2$

Nenhum valor de x torna $-x^2 + 4x - 4 > 0$.
Então, $S = \varnothing$.

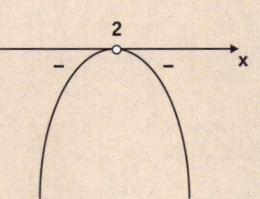

Determine o conjunto verdade das inequações do 2º grau em R.

a) $x^2 - 4x + 3 > 0$

b) $-x^2 - 7x - 10 < 0$

c) $3x^2 < 0$

d) $x^2 - 2x - 3 > 0$

e) $x^2 + x - 2 < 0$

f) $x^2 + 5x + 4 > 0$

g) $x^2 - 4 \geq 0$
$a = 1$ (concavidade para cima)
$\Delta = 16$ (corta o eixo x)

$x = \dfrac{-0 \pm 4}{2} \longrightarrow \begin{cases} x_1 = 2 \\ x_2 = -2 \end{cases}$

Como a inequação apresenta desigualdade e igualdade, tem-se:

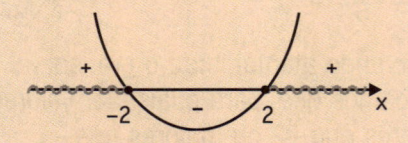

$S = \{x \in \mathbb{R} \mid x \leq -2 \text{ ou } x \geq 2\}$

h) $x^2 - 9 \leq 0$

i) $x^2 + 4x \leq 0$

l) $-x^2 + 6x - 8 \geq 0$

j) $-x^2 + 3x \geq 0$

k) $x^2 - 5x + 6 \leq 0$

CAPÍTULO 8 – SEMELHANÇA DE TRIÂNGULOS

1. Razão entre segmentos

Razão entre dois segmentos é a razão entre suas medidas, tomadas numa mesma unidade.

Exemplos:

1.
A———B 3 cm
m($\overline{AB}$) = 3 cm

C———————D 5 cm
m($\overline{CD}$) = 5 cm

A razão dos segmentos $\overline{AB}$ e $\overline{CD}$ é $\frac{3}{5}$.

$$\frac{AB}{CD} = \frac{3}{5}$$

2. O triângulo LUA é ampliação do triângulo MAR. Qual é a razão entre $\overline{MA}$ e $\overline{LU}$ nessa ordem?

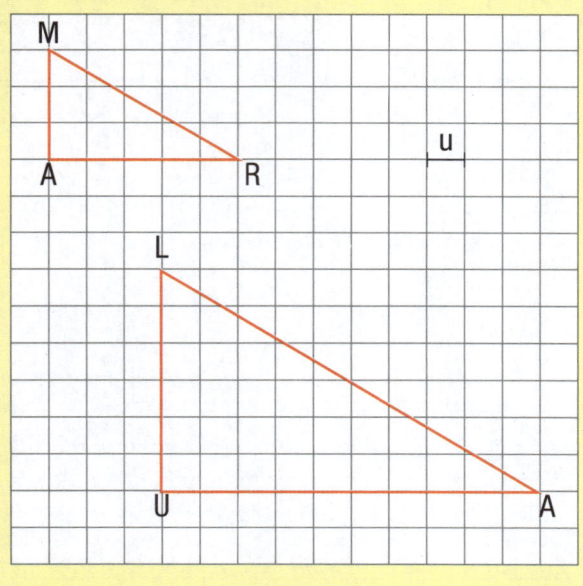

$$\frac{MA}{LU} = \frac{3}{6} = \frac{1}{2}$$

---

1. Dados: AB = 3 cm, CD = 4 cm, EF = 5 cm e GH = 2 cm, determine:

a) $\frac{AB}{CD} = \square$ e) $\frac{AB}{GH} = \square$

b) $\frac{GH}{CD} = \square$ f) $\frac{CD}{AB} = \square$

c) $\frac{GH}{EF} = \square$ g) $\frac{CD}{EF} = \square$

d) $\frac{EF}{CD} = \square$ h) $\frac{GH}{AB} = \square$

2. Observe a figura A B C D, onde m($\overline{AB}$) = m($\overline{BC}$) = m($\overline{CD}$), e determine as razões:

a) $\frac{AB}{CD} = \square$ e) $\frac{AB}{BD} = \square$

b) $\frac{AB}{BC} = \square$ f) $\frac{AB}{AC} = \square$

c) $\frac{BD}{CD} = \square$ g) $\frac{AD}{AC} = \square$

d) $\frac{CD}{AD} = \square$ h) $\frac{BC}{CD} = \square$

3. Sendo AB, BC, CD e DE, nessa ordem, segmentos proporcionais, determine o valor de x nos seguintes casos:

Exemplo: AB = x; BC = 3 cm; CD = 10 cm; DE = 6 cm

$$\frac{AB}{BC} = \frac{CD}{DE} \rightarrow \frac{x}{3} = \frac{10}{6} \rightarrow$$

$$\rightarrow 6x = 30 \rightarrow x = 5 \text{ cm}$$

a) AB = 4 cm; BC = x; CD = 2 cm; DE = 4 cm

b) AB = 9 cm; BC = 12 cm; CD = x; DE = 4cm

c) AB = 3 cm; BC = 6 cm; CD = 6 cm; DE = x

d) AB = x; BC = 8 cm; CD = 2 cm; DE = x

e) AB = 6 cm; BC = x; CD = 2x; DE = 3 cm

2. Teorema de Tales

Considere um feixe de retas paralelas interceptadas por duas retas transversais. Os segmentos correspondentes determinados sobre as transversais são proporcionais.

As retas m e n são transversais ao feixe de paralelas r, s e t.

Então:
$$\frac{x}{x'} = \frac{y}{y'} \quad \text{ou} \quad \frac{x}{y} = \frac{x'}{y'}$$

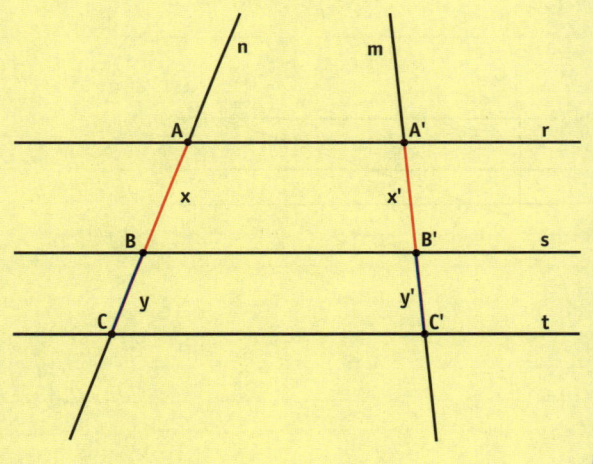

4. Determine o valor de x nos feixes de retas paralelas.

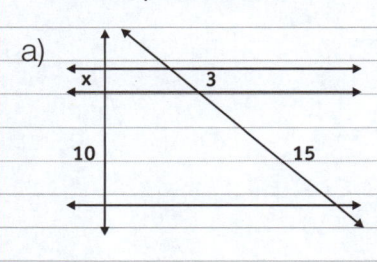

a) (x, 3, 10, 15)

b)

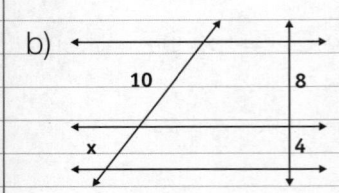

c)

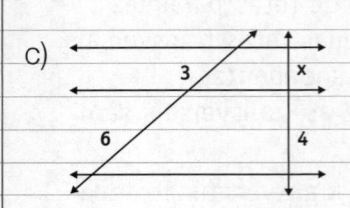

d)

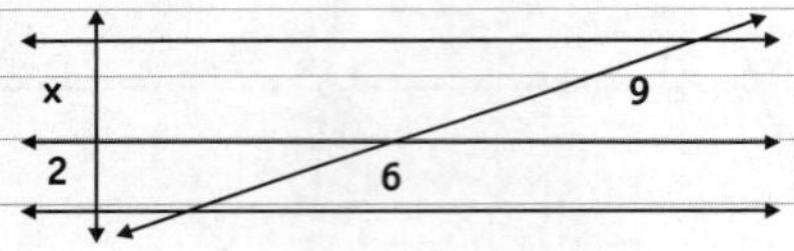

e)

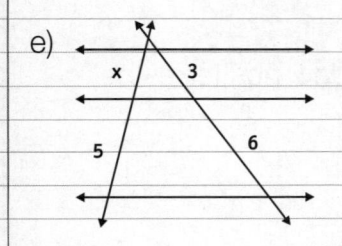

f)

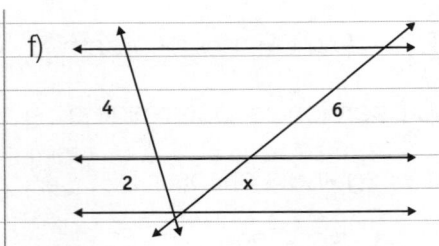

g)

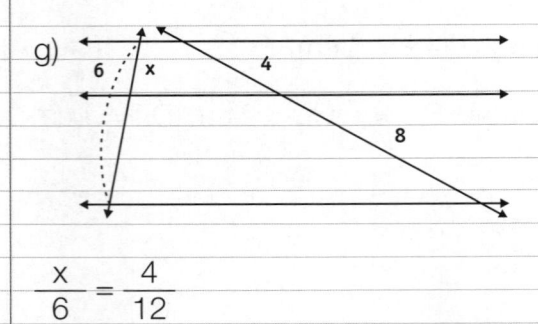

$$\frac{x}{6} = \frac{4}{12}$$

h)

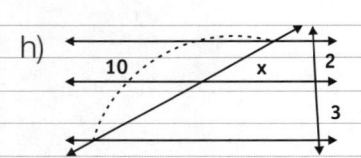

i)

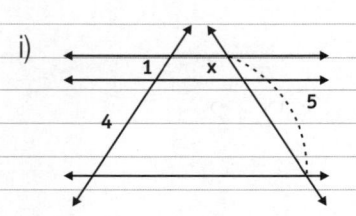

j) [figura: 10, x, 4, 6]

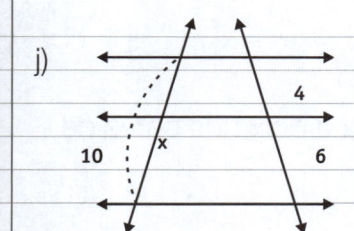

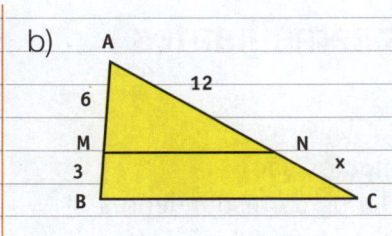

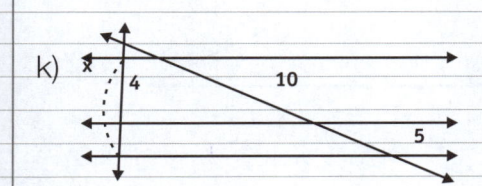

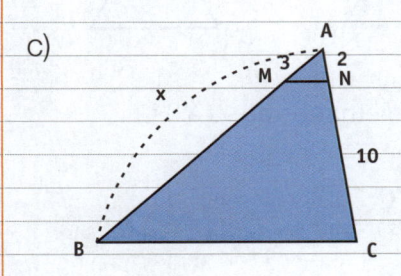

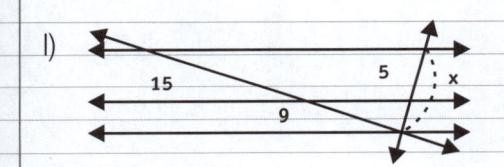

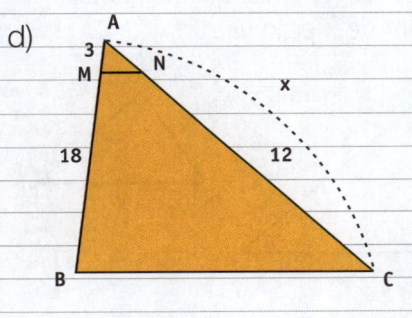

k) [figura: x, 4, 10, 5]

l) [figura: 15, 5, x, 9]

b) Triângulo com A, M, N, B, C — AM = 6, MB = 3, AN = 12, NC = x

c) Triângulo com A, M, N, B, C — AM = 3, NC = 10, AN = 2, BM = x

d) Triângulo com A, M, N, B, C — AM = 3, MB = 18, AC = 12, NC = x

5. Determine o valor de x nos triângulos, sendo $\overline{MN} \mathbin{//} \overline{BC}$.

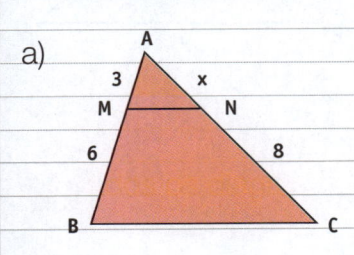

a) Triângulo ABC com M em AB e N em AC — AM = 3, MB = 6, AN = x, NC = 8

$$\frac{x}{8} = \frac{3}{6}$$

3. Triângulos semelhantes

Quando dois triângulos são semelhantes, os lados correspondentes são proporcionais e os ângulos correspondentes são congruentes.

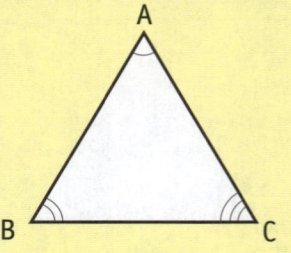

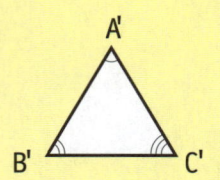

△ABC ~ △A'B'C'
Lê-se: △ABC semelhante ao △A'B'C'.

$$\frac{AB}{A'B'} = \frac{AC}{A'C'} = \frac{BC}{B'C'}$$
(lados correspondentes proporcionais)

$\hat{A} \equiv \hat{A}$; $\hat{B} \equiv \hat{B}$; $\hat{C} \equiv \hat{C}$
(ângulos correspondentes congruentes)

Exemplo:
Sabendo que os triângulos são semelhantes, determine o valor de x e de y:

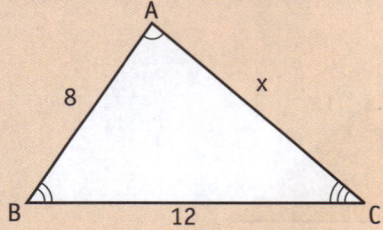

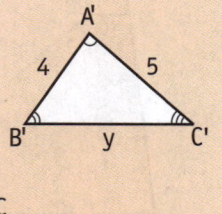

△ABC ~ △A'B'C' ⟶ $\frac{AB}{A'B'} = \frac{AC}{A'C'} = \frac{BC}{B'C'}$

$\frac{8}{4} = \frac{x}{5} = \frac{12}{y}$

$\frac{8}{4} = \frac{x}{5}$ ⟶ $4 \cdot x = 8 \cdot 5$ ⟶ $4x = 40$ ⟶

⟶ $x = \frac{40}{4}$ ⟶ $x = 10$

$\frac{8}{4} = \frac{12}{y}$ ⟶ $8 \cdot y = 4 \cdot 12$ ⟶ $8y = 48$ ⟶

⟶ $y = \frac{48}{8}$ ⟶ $y = 6$

6. Agora, resolva você.

Determine o valor de x e de y nos pares de triângulos semelhantes.

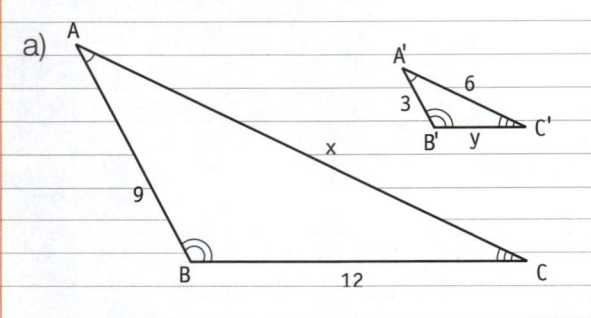

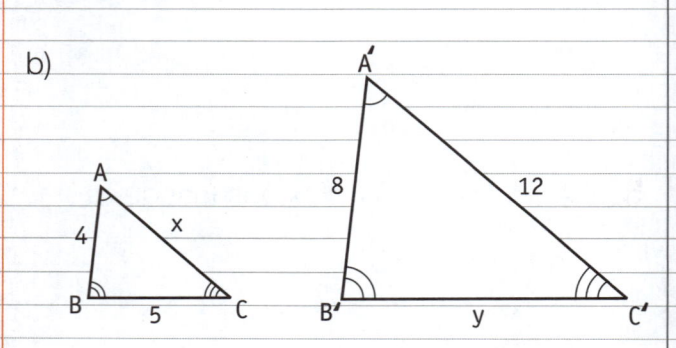

a)

b)

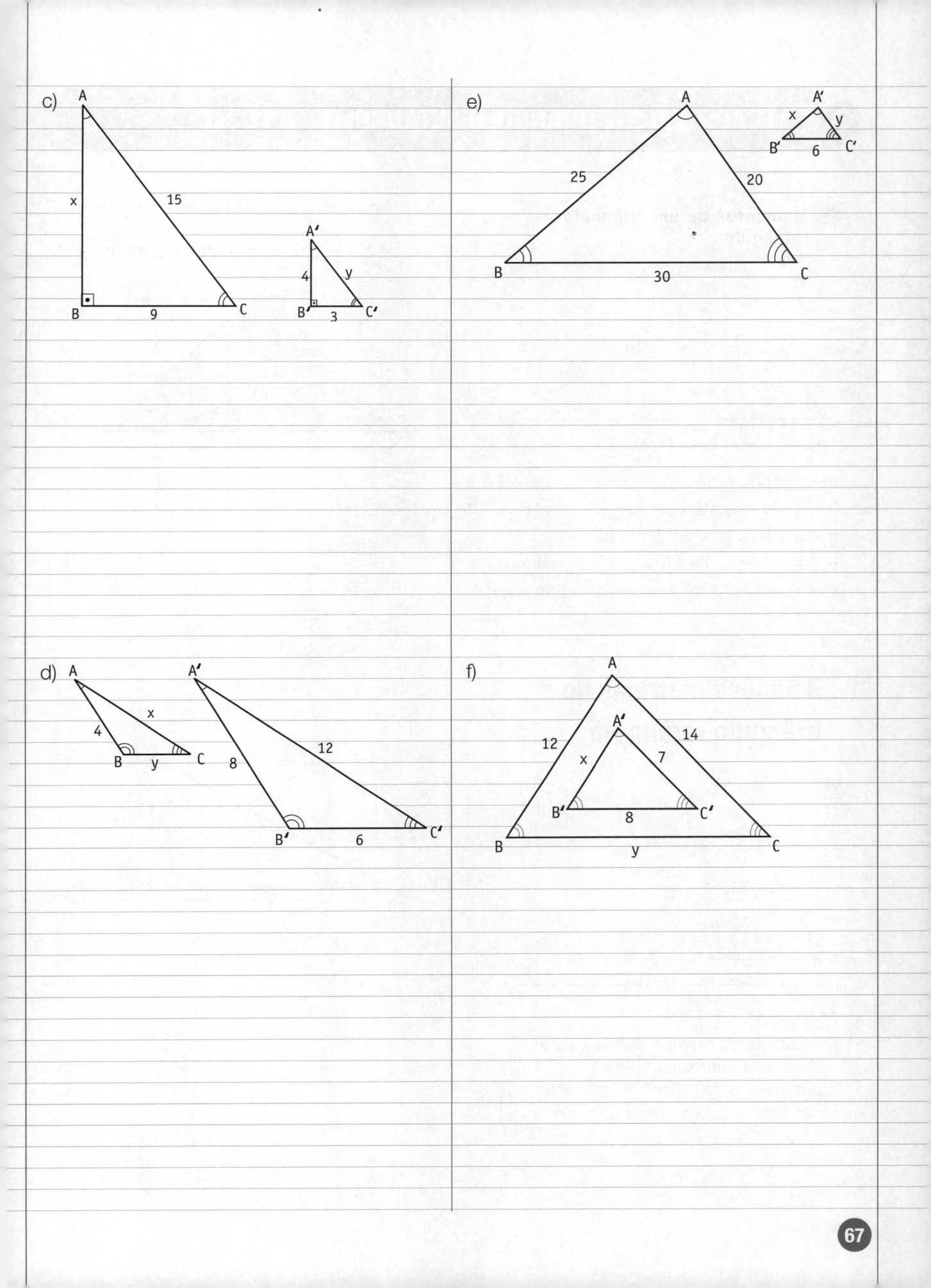

c)

d)

e)

f)

CAPÍTULO 9 – TRIÂNGULO RETÂNGULO

Elementos de um triângulo retângulo

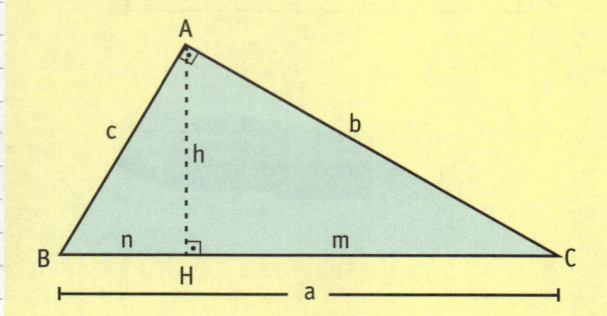

a é a hipotenusa.
b e c são os catetos.
h é a altura relativa à hipotenusa.
n é a projeção de AB sobre a hipotenusa.
m é a projeção de AC sobre a hipotenusa.

1. Relações métricas no triângulo retângulo

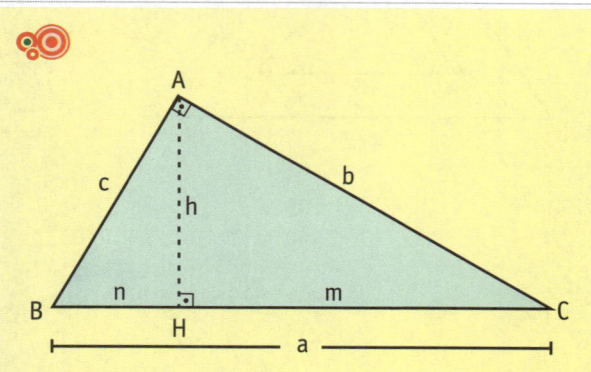

1ª relação:
O quadrado da medida de um cateto é igual ao produto da medida da hipotenusa pela medida da projeção desse cateto sobre a hipotenusa.

$$c^2 = a \cdot n$$
$$b^2 = a \cdot m$$

1. Calcule a medida do elemento desconhecido nos triângulos retângulos:

a)

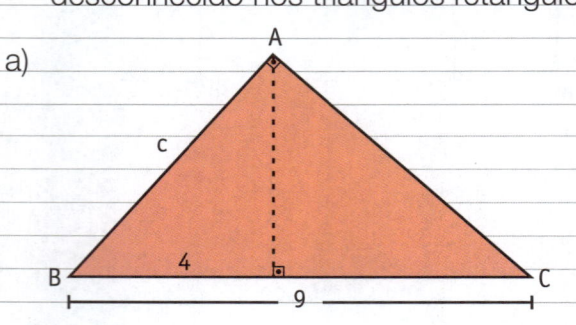

$c = ?$ $a = 9$ $n = 4$

$c^2 = a \cdot n$

$c^2 = 9 \cdot 4$

$c^2 =$

$c =$

b)

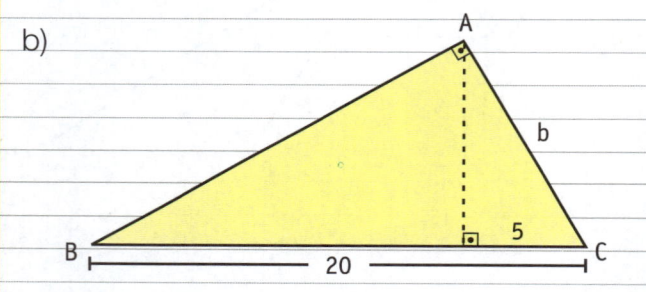

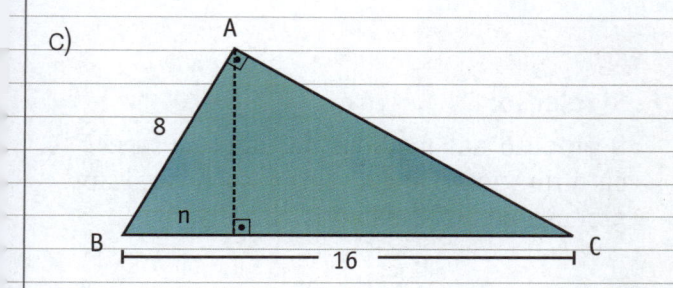

c)

8, n, B—16—C, A (right angle)

2ª relação:
O quadrado da medida da altura relativa à hipotenusa é igual ao produto das medidas das projeções dos catetos sobre a hipotenusa.

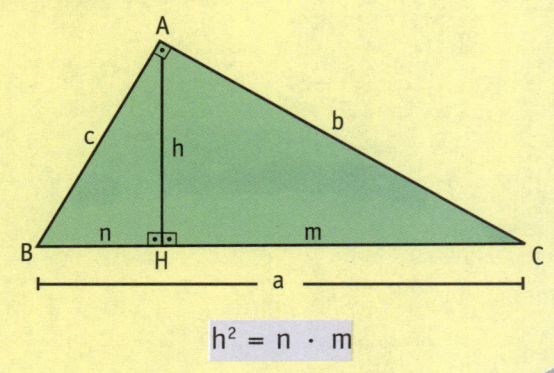

$$h^2 = n \cdot m$$

2. Calcule a medida do elemento desconhecido nos triângulos retângulos:

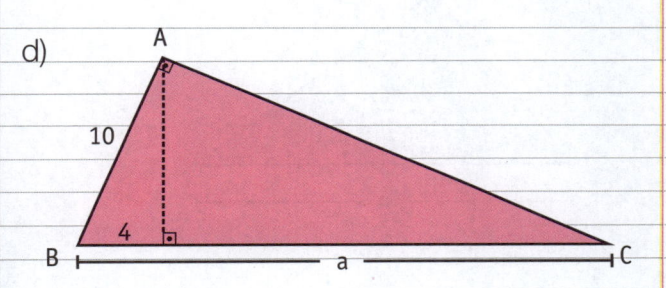

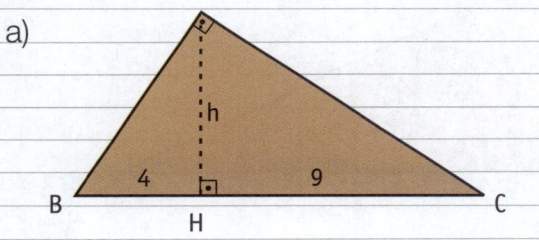

a) h, 4, 9

d) 10, 4, a

b)

3ª relação:
O produto das medidas da hipotenusa e da altura relativa à hipotenusa é igual ao produto das medidas dos catetos.

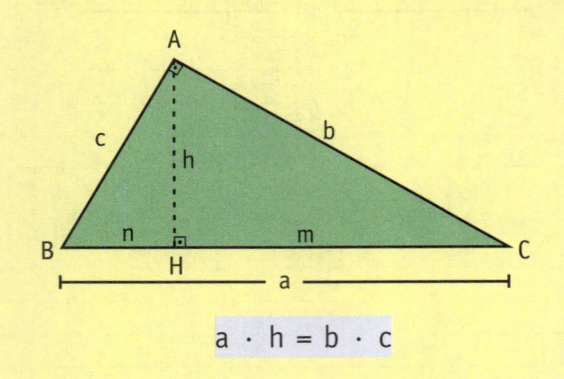

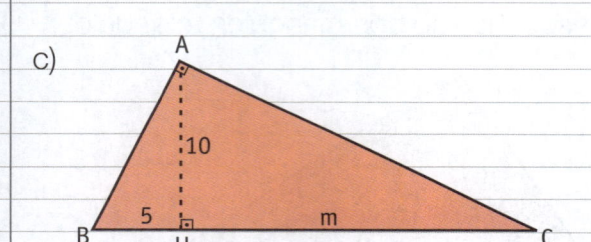

$$a \cdot h = b \cdot c$$

3. Determine a medida do elemento desconhecido nos triângulos retângulos.

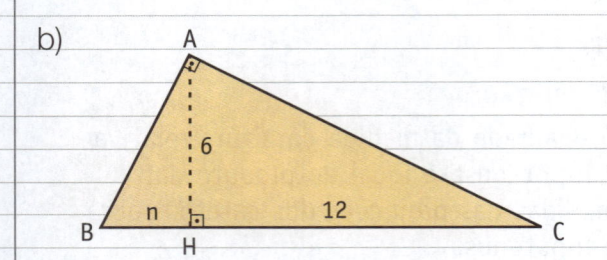

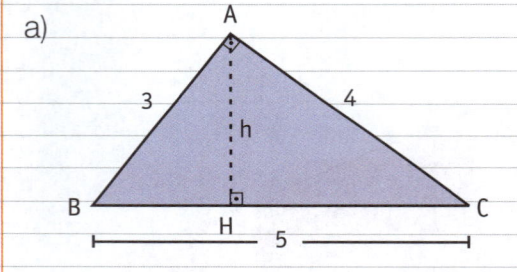

a)

c)

b)

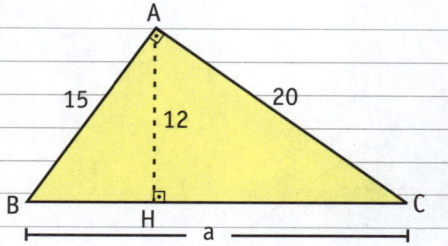

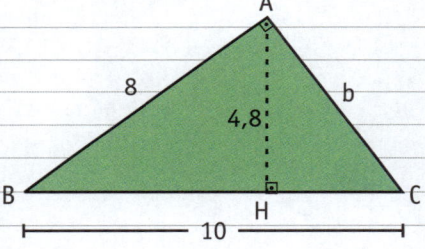

4ª relação: Teorema de Pitágoras

O quadrado da medida da hipotenusa é igual à soma dos quadrados das medidas dos catetos.

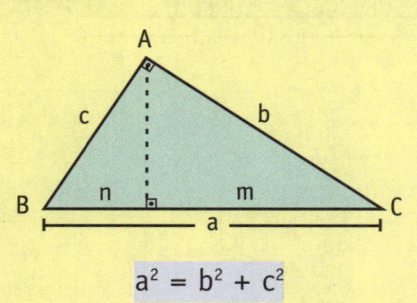

$$a^2 = b^2 + c^2$$

4. Determine a medida do elemento desconhecido nos triângulos retângulos.

a)

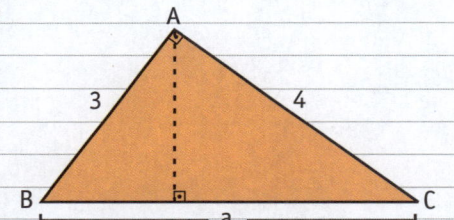

c)

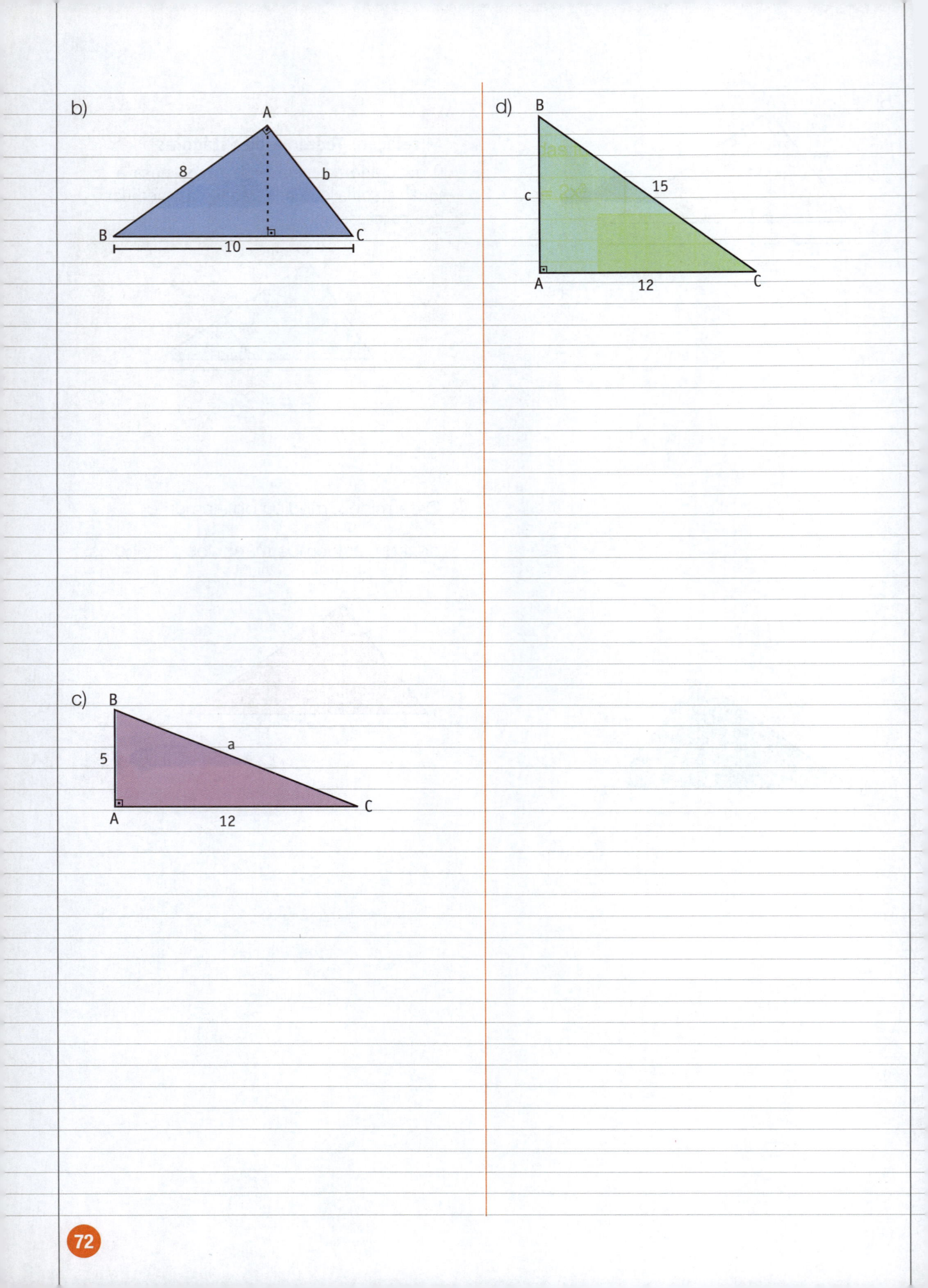

b)

8, b, B, A, C, 10

c)

B, 5, a, A, 12, C

d)

B, c, 15, A, 12, C

Resumindo as relações métricas no triângulo retângulo, temos:

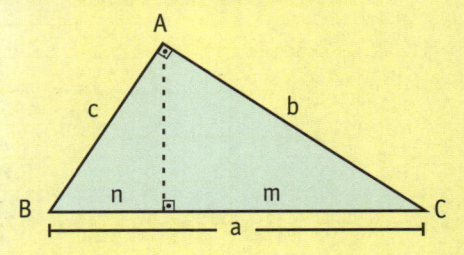

$c^2 = a \cdot n$
$b^2 = a \cdot m$
$h^2 = n \cdot m$
$a \cdot h = b \cdot c$
$a^2 = b^2 + c^2$

5. Nos triângulos retângulos, calcule a medida do elemento desconhecido.

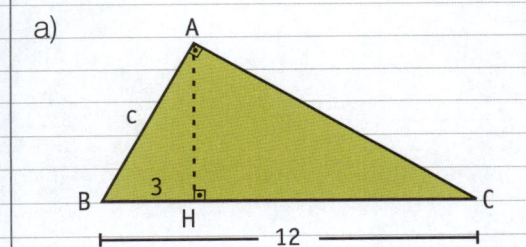

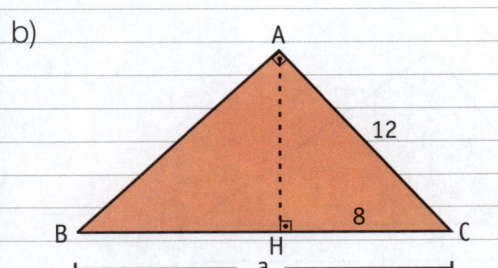

a)

b)

c)

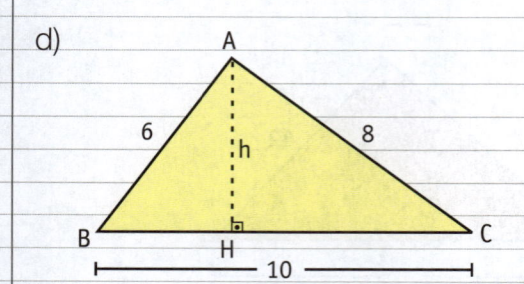

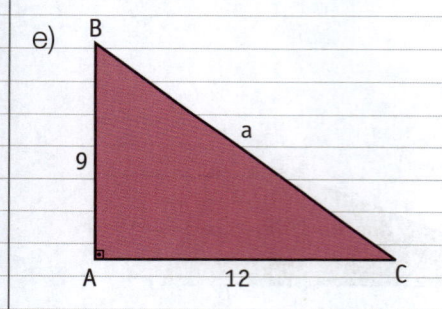

d)

6, h, 8, B, H, C, 10, A

e)

B, 9, a, A, 12, C

2. Aplicações do teorema de Pitágoras

Teorema de Pitágoras

O quadrado da medida da hipotenusa é igual à soma dos quadrados dos catetos.

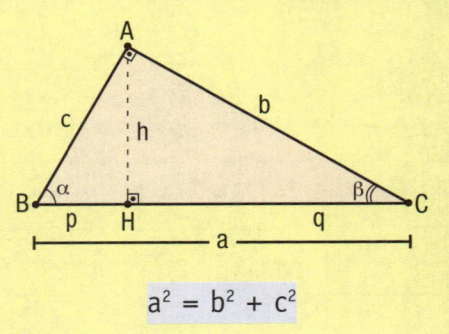

$$a^2 = b^2 + c^2$$

Diagonal de um quadrado

Considere o quadrado ABCD, de lado a e diagonal d.

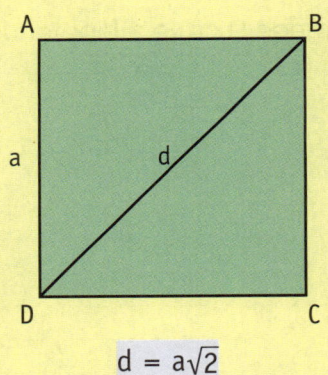

$$d = a\sqrt{2}$$

6. Calcule a medida da diagonal dos quadrados.

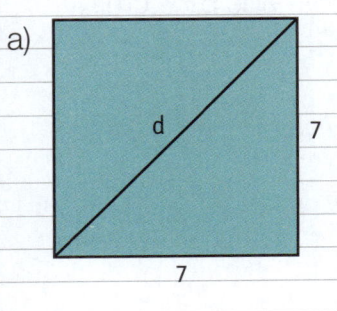

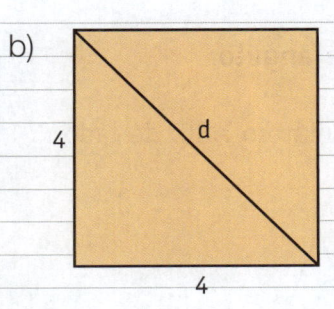

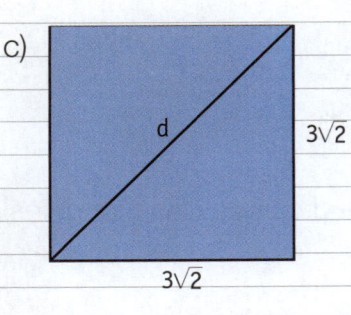

a) lado 7

b) lado 4

c) lado $3\sqrt{2}$

Altura de um triângulo equilátero

Seja o triângulo equilátero ABC, de lado ℓ e altura h.

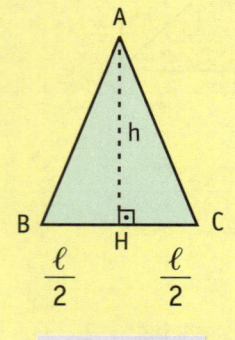

$$h = \frac{\ell\sqrt{3}}{2}$$

7. Calcule a medida da altura dos triângulos equiláteros.

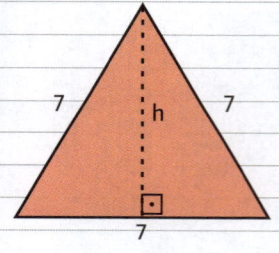

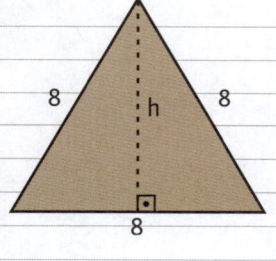

a) (triângulo com lados 7, 7, 7)

b) (triângulo com lados 8, 8, 8)

8. Resolva os problemas.

a) Qual é a medida da hipotenusa de um triângulo retângulo cujos catetos medem 12 cm e 16 cm?

b) Quanto mede um dos catetos de um triângulo retângulo sabendo que o outro cateto mede 9 cm e a hipotenusa 15 cm?

c) Qual é a medida da diagonal de um quadrado cujo lado mede $5\sqrt{2}$ cm?

d) Calcule o perímetro (soma das medidas dos lados) de um triângulo retângulo cujos catetos medem 3 cm e 4 cm.

e) Qual é a medida do lado de um quadrado cuja diagonal mede $10\sqrt{2}$ cm?

f) Calcule a medida da altura de um triângulo equilátero cujo lado mede 10 cm.

g) Qual é a medida do lado de um losango cujas diagonais medem 6 cm e 8 cm?

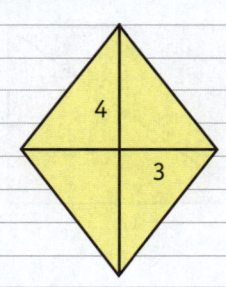

h) Num losango de lado 10 cm, uma das diagonais mede 16 cm. Calcule a medida da outra diagonal.

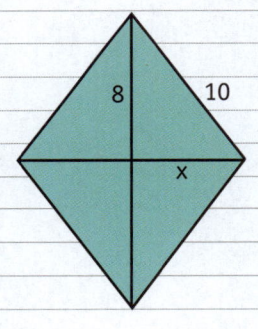

i) Calcule a medida da diagonal de um retângulo de dimensões 9 m e 12 m.

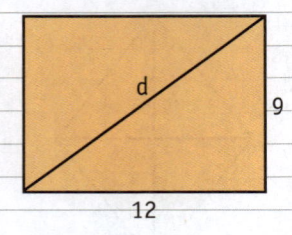

3. Relações trigonométricas no triângulo retângulo

No triângulo retângulo ABC:

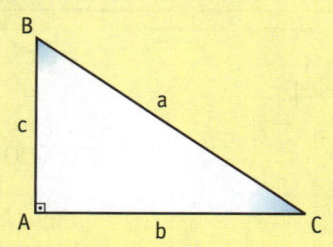

- o cateto b é oposto ao ângulo $\hat{B}$;
- o cateto b é adjacente ao ângulo $\hat{C}$;
- o cateto c é oposto ao ângulo $\hat{C}$;
- o cateto c é adjacente ao ângulo $\hat{B}$.

9. Observe o triângulo retângulo MNP.

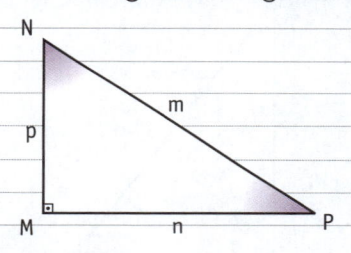

Agora, complete:

a) O cateto n é ☐ ao ângulo $\hat{N}$.

b) O cateto p é ☐ ao ângulo $\hat{P}$.

c) O cateto p é ☐ ao ângulo $\hat{N}$.

d) O cateto n é ☐ ao ângulo $\hat{P}$.

10. Dado o triângulo retângulo RST:

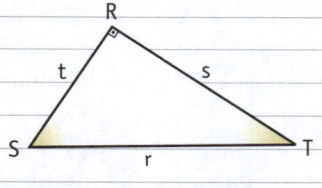

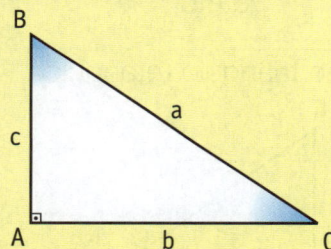

complete:

a) O cateto ☐ é oposto ao ângulo $\hat{T}$.

b) O cateto ☐ é oposto ao ângulo $\hat{S}$.

c) O cateto ☐ é adjacente ao ângulo $\hat{S}$.

d) O cateto ☐ é adjacente ao ângulo $\hat{T}$.

Dado o triângulo retângulo ABC:

Vejamos algumas relações trigonométricas entre os ângulos agudos ($\hat{B}, \hat{C}$) e os lados desse triângulo:

$$\text{seno } \hat{B} = \frac{\text{cateto oposto}}{\text{hipotenusa}} = \frac{b}{a}$$

$$\text{cosseno } \hat{B} = \frac{\text{cateto adjacente}}{\text{hipotenusa}} = \frac{c}{a}$$

$$\text{tangente } \hat{B} = \frac{\text{cateto oposto}}{\text{cateto adjacente}} = \frac{b}{c}$$

Abreviando:

$\begin{cases} \text{seno } \hat{B} \text{ por sen } \hat{B} \\ \text{cosseno } \hat{B} \text{ por cos } \hat{B} \\ \text{tangente } \hat{B} \text{ por tg } \hat{B} \end{cases}$

temos:

$\begin{cases} \text{sen } \hat{B} = \dfrac{b}{a} \\ \cos \hat{B} = \dfrac{c}{a} \\ \text{tg } \hat{B} = \dfrac{b}{c} \end{cases}$

11. Dada a figura:

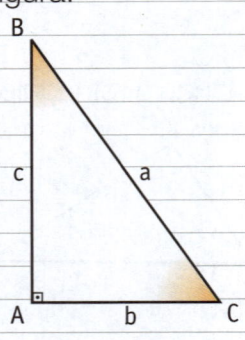

complete:

a) $\text{sen } \hat{C} = \dfrac{\text{cateto}}{\text{hipotenusa}} = \dfrac{c}{}$

b) $\cos \hat{C} = \dfrac{\text{cateto}}{} = \dfrac{}{a}$

c) $\text{tg } \hat{C} = \dfrac{\text{cateto}}{\text{cateto}} = \dfrac{}{b}$

12. Dado o triângulo retângulo:

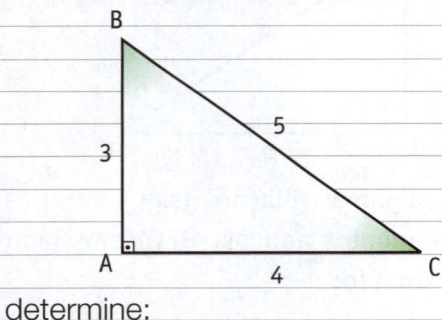

determine:

a) $\text{sen } \hat{B} = \square$ d) $\text{sen } \hat{C} = \square$

b) $\cos \hat{B} = \square$ e) $\cos \hat{C} = \square$

c) $\text{tg } \hat{B} = \square$ f) $\text{tg } \hat{C} = \square$

13. Dada a figura:

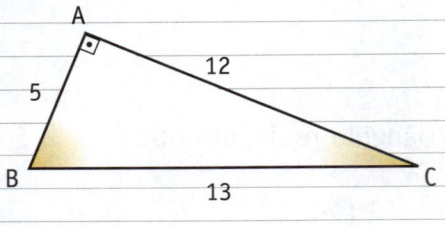

complete:

a) $\text{sen } \hat{B} = \square$ d) $\text{sen } \hat{C} = \square$

b) $\cos \hat{B} = \square$ e) $\cos \hat{C} = \square$

c) $\text{tg } \hat{B} = \square$ f) $\text{tg } \hat{C} = \square$

14. Dado o triângulo retângulo ABC:

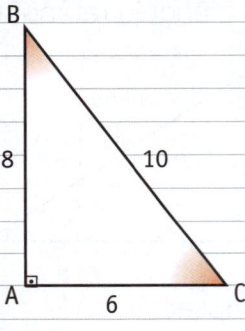

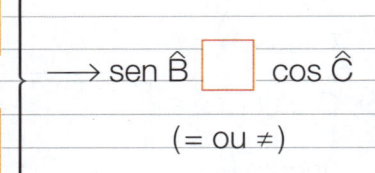

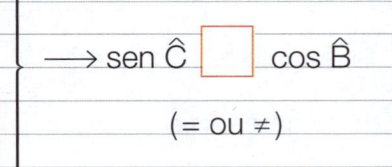

complete:

a) $\text{sen } \hat{B} = \square$
$\cos \hat{C} = \square$
$\longrightarrow \text{sen } \hat{B} \; \square \; \cos \hat{C}$
$(= \text{ou} \neq)$

b) $\text{sen } \hat{C} = \square$
$\cos \hat{B} = \square$
$\longrightarrow \text{sen } \hat{C} \; \square \; \cos \hat{B}$
$(= \text{ou} \neq)$

c) $\text{tg } \hat{B} = \square$
$\text{tg } \hat{C} = \square$
$\longrightarrow \text{tg } \hat{B} \; \square \; \text{tg } \hat{C}$
$(= \text{ou} \neq)$

80

TABELA DE RAZÕES TRIGONOMÉTRICAS

Para facilitar os cálculos podemos montar e usar uma tabela com os valores do seno, do cosseno e da tangente de ângulos de 1º a 90º, com valores aproximados.

ângulo	seno	cosseno	tangente	ângulo	seno	cosseno	tangente
1º	0,0175	0,9998	0,0175	46º	0,7193	0,6947	1,0355
2º	0,0349	0,9994	0,0349	47º	0,7314	0,6820	1,0724
3º	0,0523	0,9986	0,0524	48º	0,7431	0,6691	1,1106
4º	0,0698	0,9976	0,0699	49º	0,7547	0,6561	1,1504
5º	0,0872	0,9962	0,0875	50º	0,7660	0,6428	1,1918
6º	0,1045	0,9945	0,1051	51º	0,7771	0,6293	1,2349
7º	0,1219	0,9925	0,1228	52º	0,7880	0,6157	1,2799
8º	0,1392	0,9903	0,1405	53º	0,7986	0,6018	1,3270
9º	0,1564	0,9877	0,1584	54º	0,8090	0,5878	1,3764
10º	0,1736	0,9848	0,1763	55º	0,8192	0,5736	1,4281
11º	0,1908	0,9816	0,1944	56º	0,8290	0,5592	1,4826
12º	0,2079	0,9781	0,2126	57º	0,8387	0,5446	1,5399
13º	0,2250	0,9744	0,2309	58º	0,8480	0,5299	1,6003
14º	0,2419	0,9703	0,2493	59º	0,8572	0,5150	1,6643
15º	0,2588	0,9659	0,2679	60º	0,8660	0,5000	1,7321
16º	0,2756	0,9613	0,2867	61º	0,8746	0,4848	1,8040
17º	0,2924	0,9563	0,3057	62º	0,8829	0,4695	1,8807
18º	0,3090	0,9511	0,3249	63º	0,8910	0,4540	1,9626
19º	0,3256	0,9455	0,3443	64º	0,8988	0,4384	2,0503
20º	0,3420	0,9397	0,3640	65º	0,9063	0,4226	2,1445
21º	0,3584	0,9336	0,3839	66º	0,9135	0,4067	2,2460
22º	0,3746	0,9272	0,4040	67º	0,9205	0,3907	2,3559
23º	0,3907	0,9205	0,4245	68º	0,9272	0,3746	2,4751
24º	0,4067	0,9135	0,4452	69º	0,9336	0,3584	2,6051
25º	0,4226	0,9063	0,4663	70º	0,9397	0,3420	2,7475
26º	0,4384	0,8988	0,4877	71º	0,9455	0,3256	2,9042
27º	0,4540	0,8910	0,5095	72º	0,9511	0,3090	3,0777
28º	0,4695	0,8829	0,5317	73º	0,9563	0,2924	3,2709
29º	0,4848	0,8746	0,5543	74º	0,9613	0,2756	3,4874
30º	0,5000	0,8660	0,5774	75º	0,9659	0,2588	3,7321
31º	0,5150	0,8572	0,6009	76º	0,9703	0,2419	4,0108
32º	0,5299	0,8480	0,6249	77º	0,9744	0,2250	4,3315
33º	0,5446	0,8387	0,6494	78º	0,9781	0,2079	4,7046
34º	0,5592	0,8290	0,6745	79º	0,9816	0,1908	5,1446
35º	0,5736	0,8192	0,7002	80º	0,9848	0,1736	5,6713
36º	0,5878	0,8090	0,7265	81º	0,9877	0,1564	6,3138
37º	0,6018	0,7986	0,7536	82º	0,9903	0,1392	7,1154
38º	0,6157	0,7880	0,7813	83º	0,9925	0,1219	8,1443
39º	0,6293	0,7771	0,8098	84º	0,9945	0,1045	9,5144
40º	0,6428	0,7660	0,8391	85º	0,9962	0,0872	11,4301
41º	0,6561	0,7547	0,8693	86º	0,9976	0,0698	14,3007
42º	0,6691	0,7431	0,9004	87º	0,9986	0,0523	19,0811
43º	0,6820	0,7314	0,9325	88º	0,9994	0,0349	28,6363
44º	0,6947	0,7193	0,9657	89º	0,9998	0,0175	57,2900
45º	0,7071	0,7071	1,0000	90º	1,0000	0,0000	–

15. Utilizando a tabela de razões trigonométricas, determine.

a) sen 57° =

b) cos 45° =

c) sen 32° =

d) tg 45° =

e) sen 30° =

f) cos 60° =

g) tg 40° =

h) tg 50° =

16. Com o auxílio da tabela de razões trigonométricas, complete.

a) sen x = 0,3584 ⟶ x =

b) cos x = 0,2419 ⟶ x =

c) tg x = 0,8391 ⟶ x =

d) sen x = 0,9903 ⟶ x =

e) cos x = 0,9135 ⟶ x =

f) tg x = 2,3559 ⟶ x =

Exemplo:
Determine o valor de x no triângulo retângulo:

sen 40° = $\dfrac{\text{cateto oposto}}{\text{hipotenusa}}$ = $\dfrac{x}{10}$

sen 40° = 0,6428
(vide tábua)

0,6428 = $\dfrac{x}{10}$

x = 10 · 0,6428 ⟶ x = 6,428

17. Calcule o valor de x nos triângulos retângulos.

a)

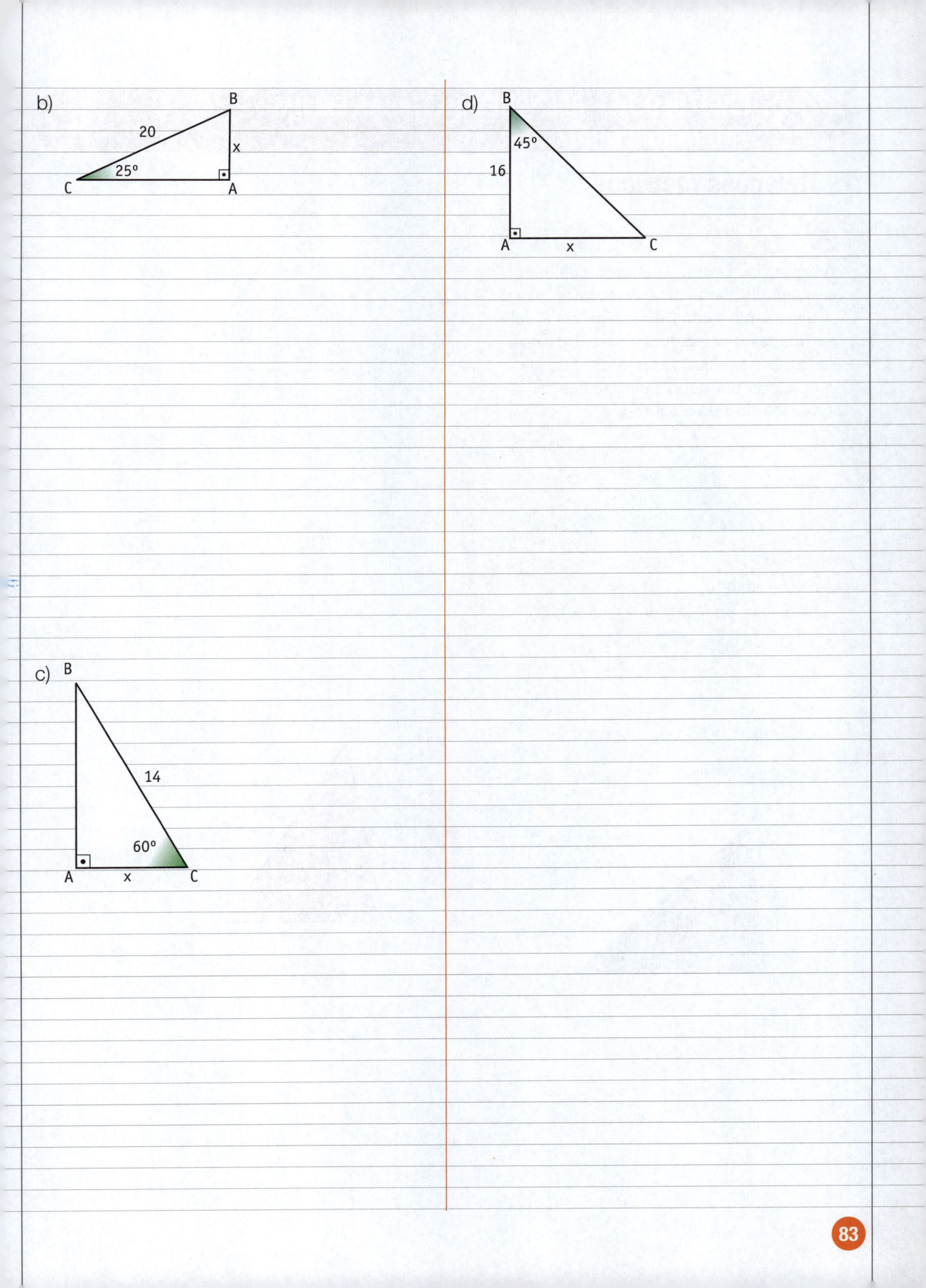

b)

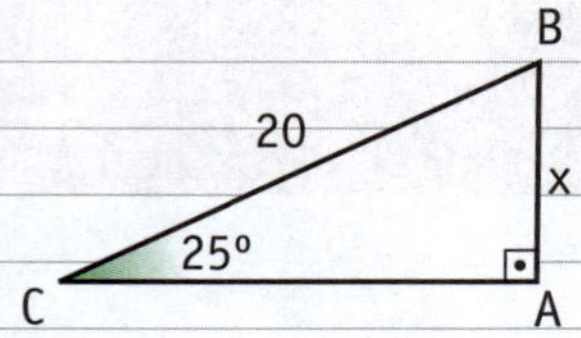

d)

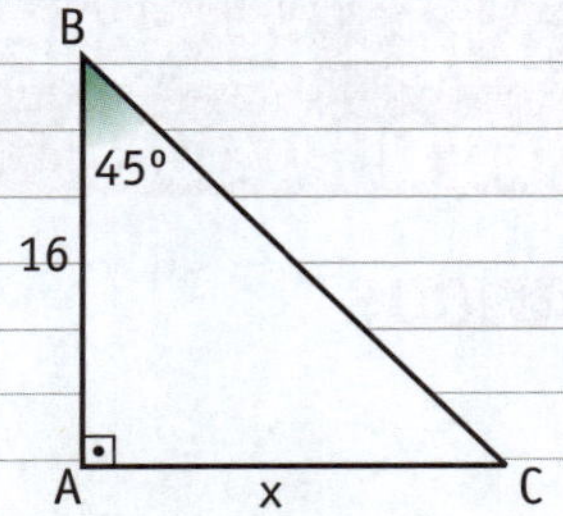

c)

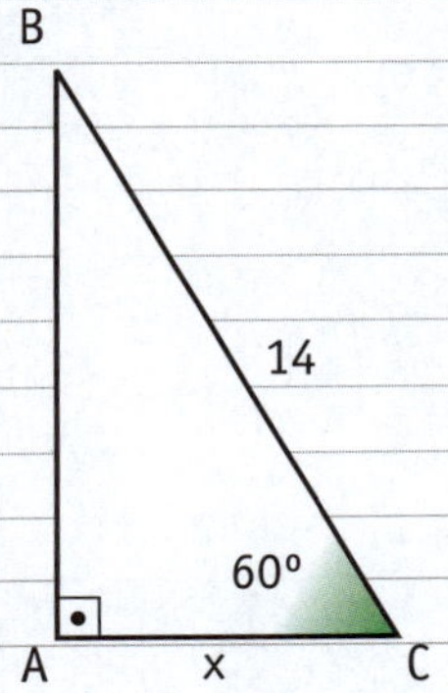

CAPÍTULO 10 – RELAÇÕES MÉTRICAS EM UM TRIÂNGULO QUALQUER

1. Relações métricas

1ª relação: Em um triângulo qualquer, o quadrado da medida do lado oposto a um ângulo agudo é igual à soma dos quadrados das medidas dos outros dois lados menos duas vezes o produto da medida de um deles pela medida da projeção do outro sobre ele.

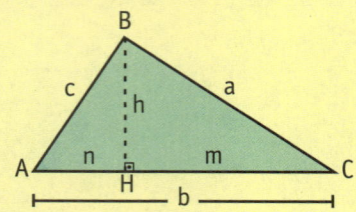

- $\hat{A}$ é agudo.
- n ⟶ projeção de c sobre b

$$a^2 = b^2 + c^2 - 2bn$$

1. Calcule a medida do elemento desconhecido nos triângulos.

a) c = 4, a = ?, n = 0,5, b = 5

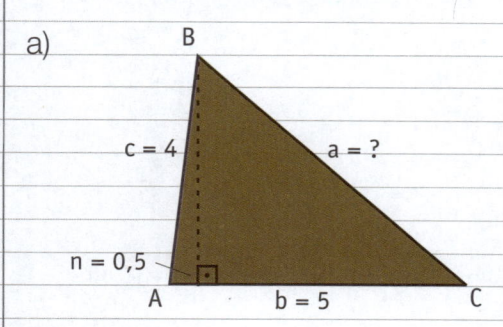

$a^2 = b^2 + c^2 - 2bn$
$a^2 = 5^2 + 4^2 - 2 \cdot 5 \cdot 0,5$

b) c = 6, a = ?, n = 1,2, b = 5

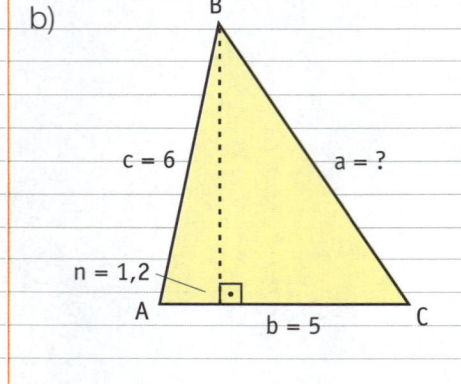

c) c = 6, a = 7, n = ?, b = 5

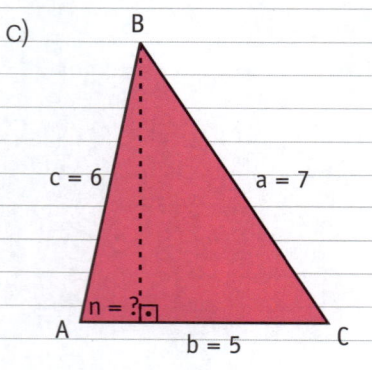

d)

c = 9, a = 8, n = ?, b = 10

e)

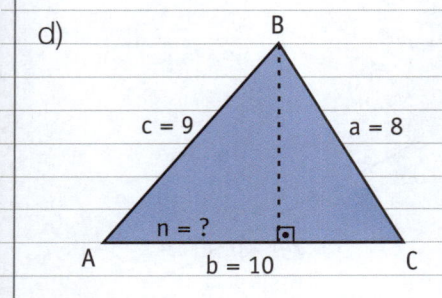

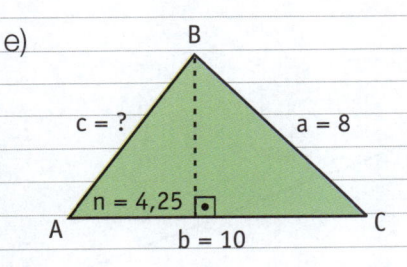

c = ?, a = 8, n = 4,25, b = 10

2ª relação: Em um triângulo obtusângulo, o quadrado da medida do lado oposto ao ângulo obtuso é igual à soma dos quadrados das medidas dos outros dois lados mais duas vezes o produto da medida de um desses lados pela medida da projeção do outro sobre a reta suporte dele.

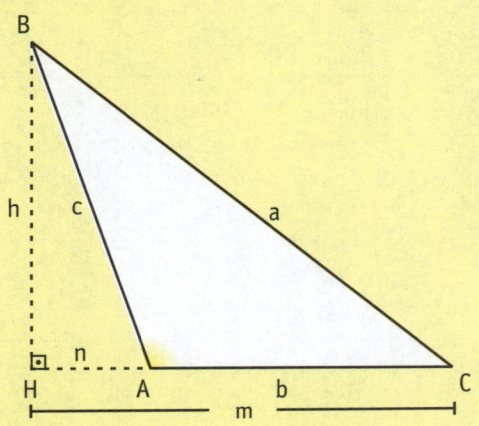

- $\hat{A}$ é obtuso.
- n ⟶ projeção de c sobre a reta suporte de b

$$a^2 = b^2 + c^2 + 2bn$$

2. Calcule a medida do elemento desconhecido nos triângulos.

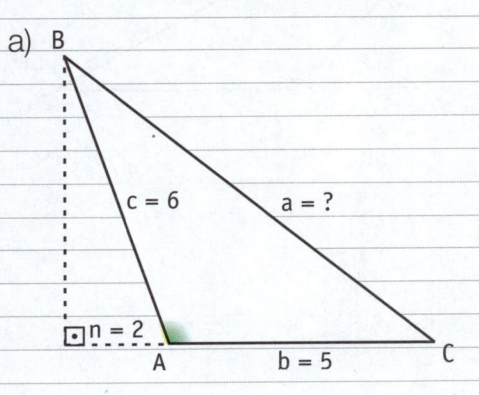

a) c = 6, a = ?, n = 2, b = 5

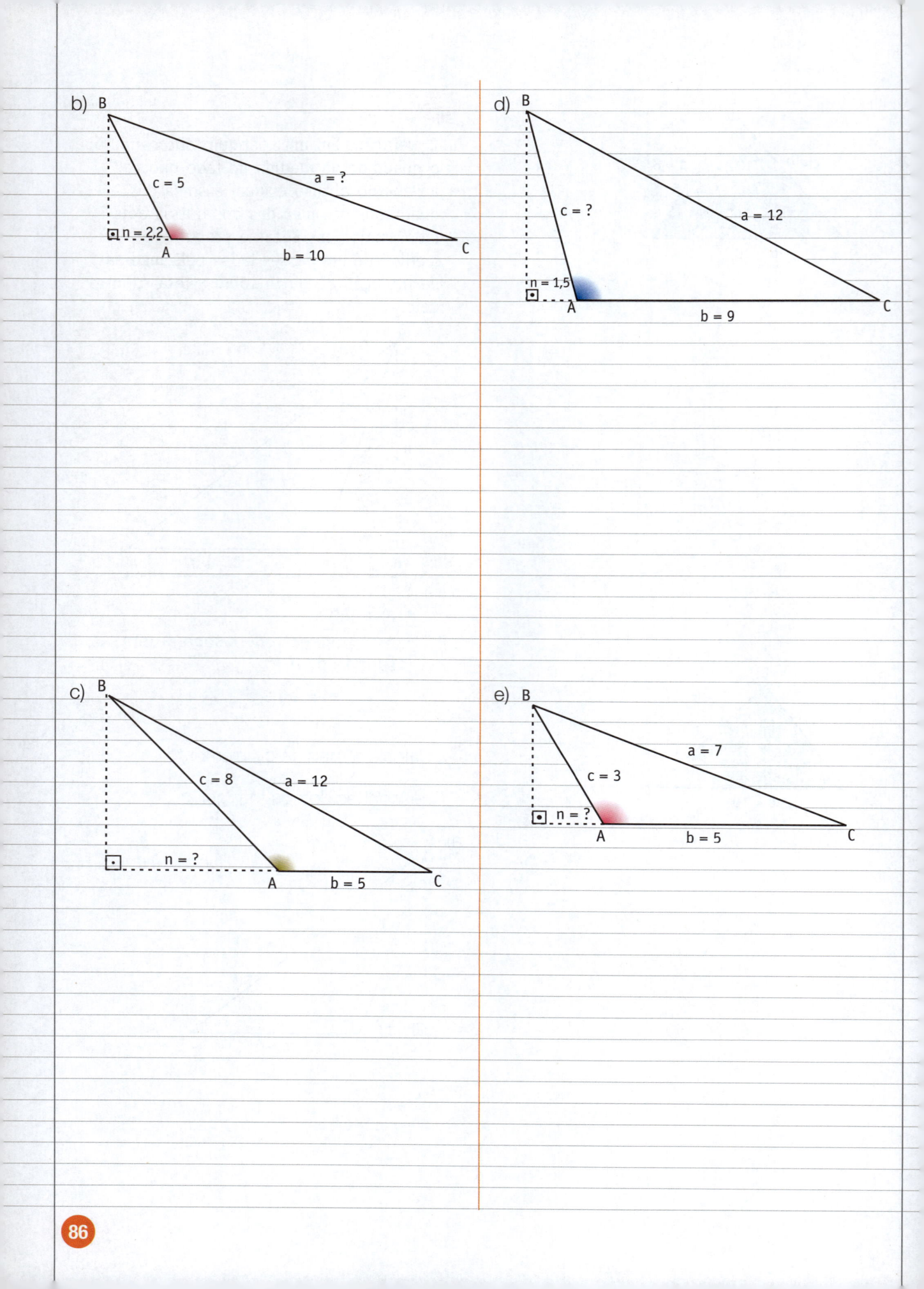

b)

- B
- c = 5
- a = ?
- n = 2,2
- A
- b = 10
- C

d)

- B
- c = ?
- a = 12
- n = 1,5
- A
- b = 9
- C

c)

- B
- c = 8
- a = 12
- n = ?
- A
- b = 5
- C

e)

- B
- a = 7
- c = 3
- n = ?
- A
- b = 5
- C

2. Classificação de um triângulo quanto aos ângulos

Podemos classificar um triângulo quanto aos ângulos internos (retângulo, acutângulo, obtusângulo) por meio das medidas de seus lados.

Considere um triângulo de lados a, b e c, com as medidas expressas numa mesma unidade. A medida do lado maior é a.

Se: $\begin{cases} a^2 = b^2 + c^2 \longrightarrow \text{triângulo é retângulo.} \\ a^2 < b^2 + c^2 \longrightarrow \text{triângulo é acutângulo.} \\ a^2 > b^2 + c^2 \longrightarrow \text{triângulo é obtusângulo.} \end{cases}$

Exemplo:
Classifique, quanto aos ângulos, um triângulo de lados 8 cm, 9 cm e 10 cm.

a = 10   b = 8   c = 9
$a^2 = 100$ $b^2 = 64$ $c^2 = 81$
$b^2 + c^2 = 64 + 81$
$b^2 + c^2 = 145$

Portanto:
$a^2 < b^2 + c^2 \longrightarrow$ triângulo é acutângulo.

3. Classifique, quanto aos ângulos, os triângulos cujos lados medem:

a) 3 cm, 4 cm, 5 cm

b) 10 cm, 6 cm, 9 cm

c) 3 cm, 6 cm, 5 cm

d) 13 cm, 12 cm, 5 cm

e) 4 cm, 5 cm, 8 cm

CAPÍTULO 11 – CIRCUNFERÊNCIA E POLÍGONOS REGULARES

1. Relações métricas na circunferência

1ª relação: Potência de um ponto (P interno à circunferência)

A intersecção de duas cordas de uma circunferência gera segmentos proporcionais: o produto das medidas dos segmentos determinados em uma delas é igual ao produto das medidas dos segmentos determinados na outra.

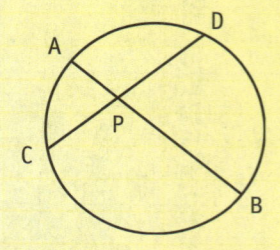

$$PA \cdot PB = PC \cdot PD$$

Exemplo:

Determine o valor de x:

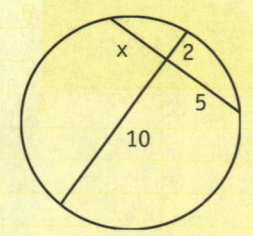

$5 \cdot x = 10 \cdot 2$

$5x = 20$

$x = \dfrac{20}{5} \rightarrow x = 4$

1. Calcule o valor de x.

a)

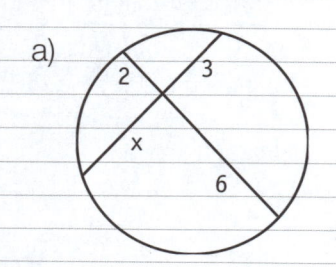

b)

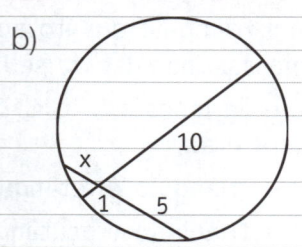

c)

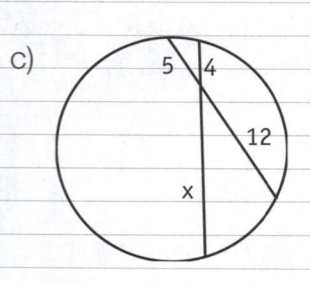

d)

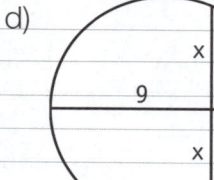

2ª relação: Potência de um ponto

(P externo à circunferência)

Dois segmentos secantes têm uma extremidade num ponto P, externo à circunferência; então, o produto das medidas de um deles pela medida de sua parte externa é igual ao produto das medidas do outro pela medida da sua parte externa.

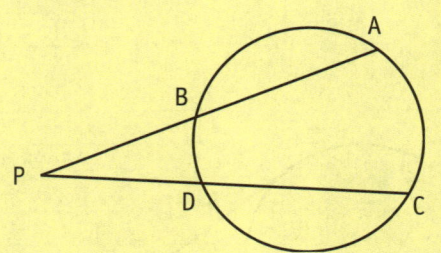

$$PA \cdot PB = PC \cdot PD$$

Exemplo:
Determine o valor de x.

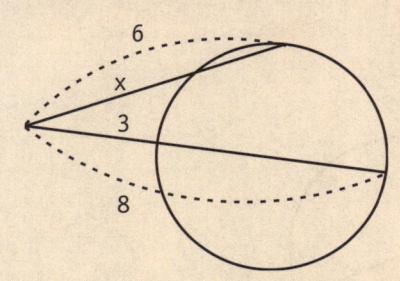

$6 \cdot x = 8 \cdot 3$

$6x = 24$

$x = \dfrac{24}{6} \rightarrow x = 4$

2. Calcule o valor de x.

a) (15, 3, 10)

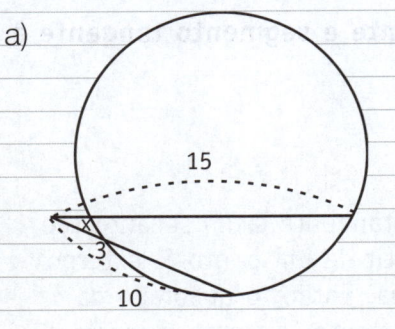

b) (x, 3, 2, 9)

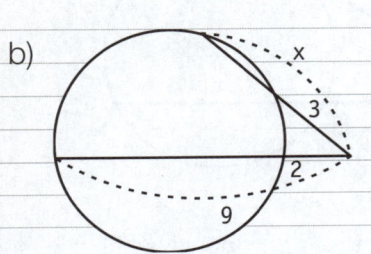

c) (x, 3, 4, 8)

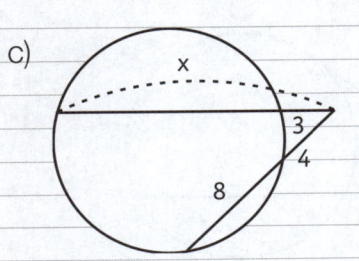

3ª relação: Potência de um ponto (segmento secante e segmento tangente à circunferência

Um segmento tangente e um secante são traçados a partir de um ponto P, externo à circunferência. Então, o quadrado da medida do segmento tangente é igual ao produto das medidas do segmento secante pela medida da sua parte externa.

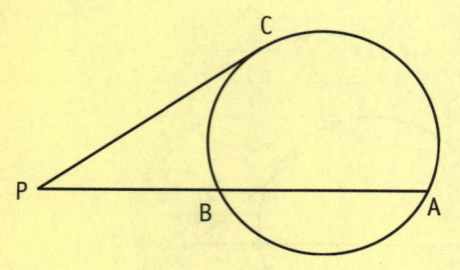

$$(PC)^2 = PA \cdot PB$$

Exemplo:
Determine o valor de x.

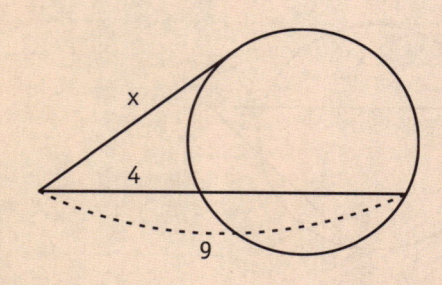

$x^2 = 9 \cdot 4$

$x^2 = 36$

$x = \sqrt{36} \rightarrow x = 6$

3. Calcule o valor de x.

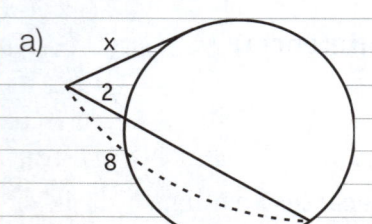

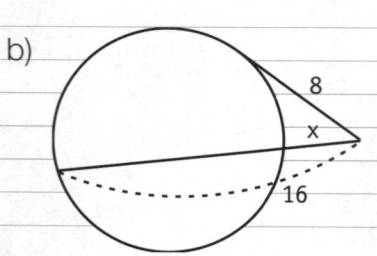

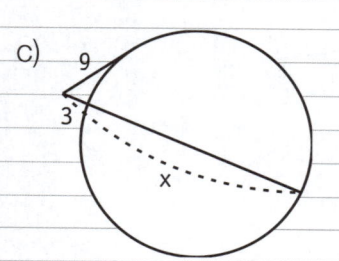

a)

b)

c)

4. Assinale a alternativa que indica o valor de x.

1)

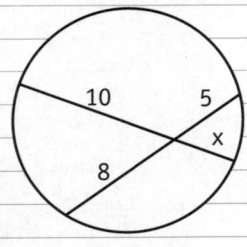

a) 2   c) 6
b) 4   d) 8

2)

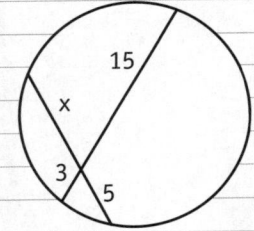

a) 1   c) 9
b) 5   d) 15

3)

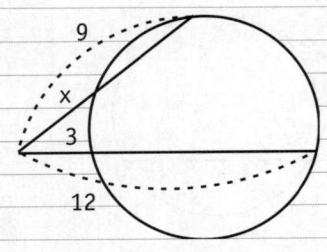

a) 12   c) 3
b) 16   d) 4

4)

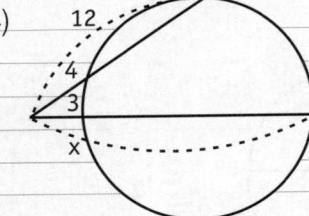

a) 12   c) 16
b) 4   d) 18

5)

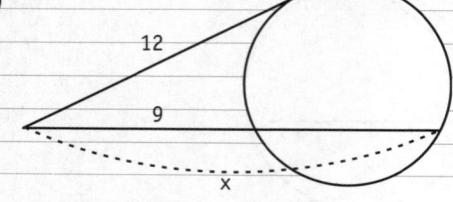

a) 10   c) 14
b) 12   d) 16

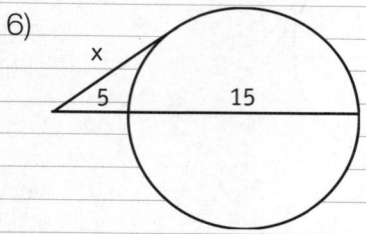

6)

a) 8   c) 20
b) 10   d) 16

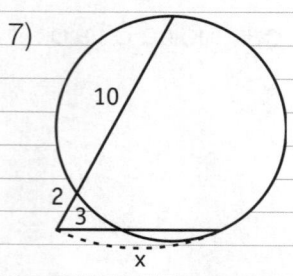

7)

a) 5   c) 8
b) 10   d) 16

8)

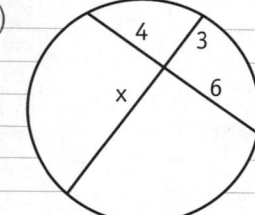

a) 4   c) 2
b) 8   d) 7

Comprimento de uma circunferência

- A medida do diâmetro de uma circunferência é igual a duas vezes a medida do raio dessa circunferência, ou seja: $d = 2r$

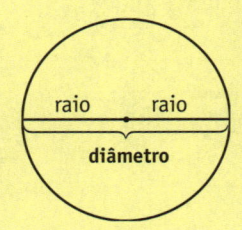

- Já a medida do comprimento (C) de uma circunferência de raio r é dada pela expressão: $C = 2\pi r$, onde $\pi \cong 3{,}14$

Exemplo:

Calcule o comprimento de uma circunferência de raio igual a 4 cm.

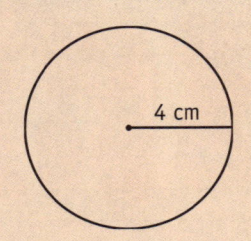

$C = 2\pi r$

$C = 2 \cdot 3{,}14 \cdot 4$

$C = 25{,}12$ cm

5. Calcule o comprimento das circunferências.

a) 5 cm

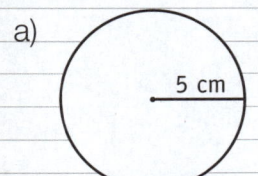

b) 12 cm

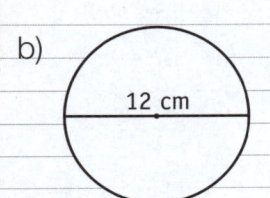

6. Resolva os problemas.

a) Qual é o comprimento de uma circunferência cujo raio mede 8 cm?

b) O diâmetro de uma circunferência mede 4 cm. Qual é o comprimento dessa circunferência?

c) O comprimento de uma circunferência é igual a 62,8 cm. Qual é a medida do raio dessa circunferência?

d) Determine a medida do raio de uma circunferência de comprimento igual a 37,68 cm.

e) Calcule a medida do diâmetro de uma circunferência de comprimento igual a 18,84 cm.

f) Qual é a medida do diâmetro de uma circunferência de comprimento igual a 43,96 cm?

2. Relações métricas nos polígonos regulares

Polígono regular

Polígono regular é aquele cujos lados são conguentes e cujos ângulos são congruentes.

Exemplos:

a)

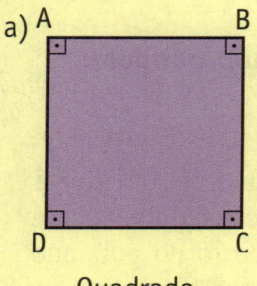

$\overline{AB} \equiv \overline{BC} \equiv \overline{CD} \equiv \overline{DA}$
$\hat{A} \equiv \hat{B} \equiv \hat{C} \equiv \hat{D}$

Quadrado

b)

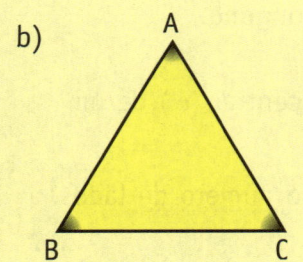

$\overline{AB} \equiv \overline{AC} \equiv \overline{BC}$
$\hat{A} \equiv \hat{B} \equiv \hat{C}$

Triângulo equilátero

c)

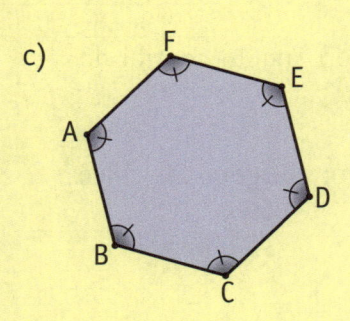

Hexágono regular

$\overline{AB} \equiv \overline{BC} \equiv \overline{CD} \equiv \overline{DE} \equiv \overline{EF} \equiv \overline{FA}$
$\hat{A} \equiv \hat{B} \equiv \hat{C} \equiv \hat{D} \equiv \hat{E} \equiv \hat{F}$

Polígono inscrito e polígono circunscrito

Polígono inscrito numa circunferência é aquele cujos vértices pertencem à circunferência.

Exemplos:

a) b)

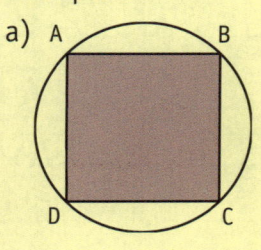

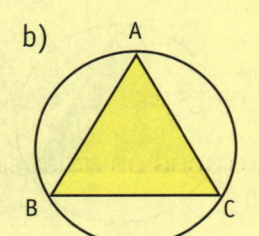

c)

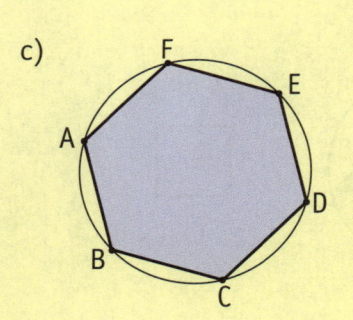

Polígono circunscrito a uma circunferência é aquele cujos lados são tangentes a essa circunferência.

Exemplos:

a) b)

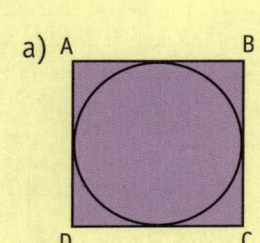

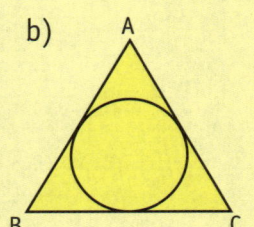

7. Assinale com X os polígonos inscritos numa circunferência.

a) 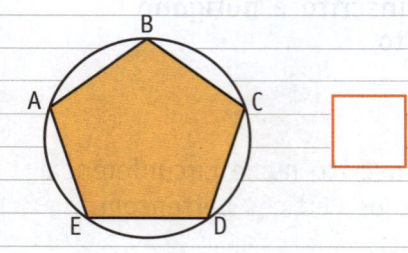 [pentágono ABCDE inscrito] ☐

b) 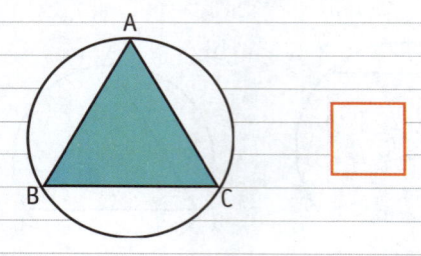 [triângulo ABC inscrito] ☐

c) 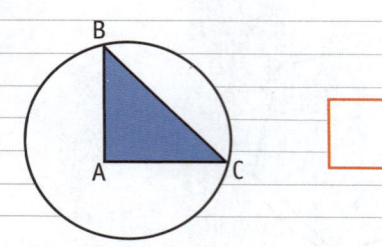 [triângulo ABC] ☐

d) 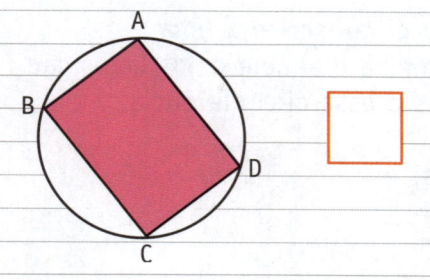 [quadrilátero ABCD inscrito] ☐

Apótema e ângulo central de um polígono regular

Apótema de um polígono regular

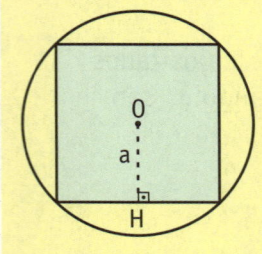

A distância do centro do polígono aos lados chama-se **apótema** (a):

m ($\overline{OH}$) = a

Ângulo central de um polígono regular

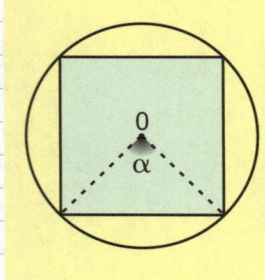

Ângulo central (α) é aquele cujo vértice é o centro do polígono e cujos lados passam por dois vértices consecutivos do polígono.

A medida do ângulo central (α) de um polígono regular é:

$\alpha = \dfrac{360°}{n}$, onde n é o número de lados.

Exemplo:

Qual é a medida do ângulo central do pentágono regular?

n = 5 (pentágono: polígono de cinco lados)

$\alpha = \dfrac{360°}{n}$

$\alpha = \dfrac{360°}{5} \longrightarrow \alpha = 72°$

8. Determine a medida do ângulo central dos polígonos regulares.

a) Triângulo (n = 3)

b) Quadrado (n = 4)

c) Hexágono (n = 6)

d) Octógono (n = 8)

e) Decágono (n = 10)

f) Icoságono (n = 20)

9. Identifique o polígono regular cujo ângulo central mede:

a) $\alpha = 90°$

b) $\alpha = 72°$

c) $\alpha = 36°$

d) $\alpha = 40°$

Cálculo do lado e do apótema de alguns polígonos regulares inscritos

Cálculo do lado e do apótema do quadrado inscrito numa circunferência em função do raio

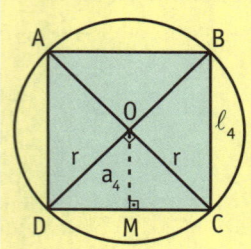

Lado do quadrado (ℓ_4)

$$\ell_4 = r\sqrt{2}$$

Apótema do quadrado (a_4)

$$a_4 = \frac{r\sqrt{2}}{2}$$

Cálculo do lado e do apótema do hexágono regular inscrito numa circunferência em função do raio

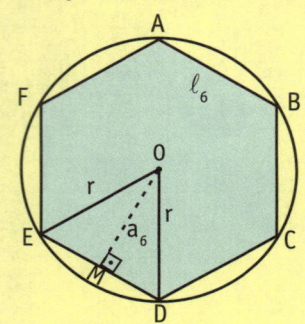

Lado do hexágono regular (ℓ_6)

$$\ell_6 = r$$

Apótema do hexágono regular (a_6)

$$a_6 = \frac{r\sqrt{3}}{2}$$

Cálculo do lado e do apótema do triângulo equilátero inscrito numa circunferência em função do raio

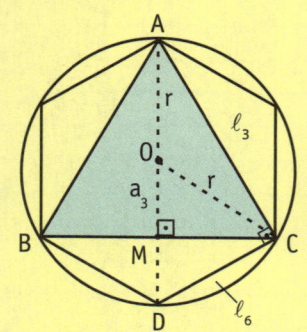

Lado do triângulo equilátero (ℓ_3)

$$\ell_3 = r\sqrt{3}$$

Apótema do triângulo equilátero (a_3)

$$a_3 = \frac{r}{2}$$

Resumo: Relações métricas nos polígonos regulares

Resumindo as relações métricas nos polígonos regulares, temos:

Polígono inscrito	Lado	Apótema
Quadrado	$\ell_4 = r\sqrt{2}$	$a_4 = \dfrac{r\sqrt{2}}{2}$
Hexágono regular	$\ell_6 = r$	$a_6 = \dfrac{r\sqrt{3}}{2}$
Triângulo equilátero	$\ell_3 = r\sqrt{3}$	$a_3 = \dfrac{r}{2}$

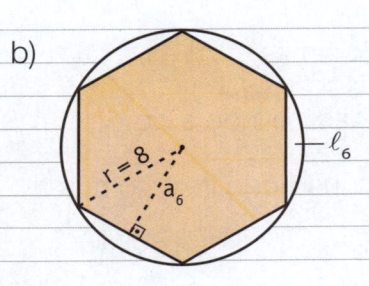

10. Calcule o lado e o apótema dos polígonos inscritos.

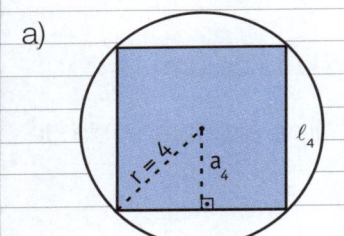

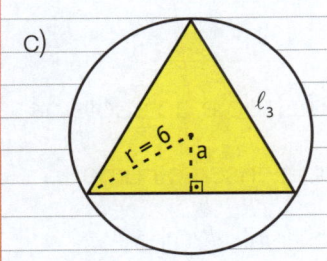

a) $r = 4$

b) $r = 8$

c) $r = 6$

11. Resolva os problemas.

a) Calcule as medidas do lado e do apótema de um quadrado inscrito numa circunferência de raio igual a 12 cm.

b) Calcule as medidas do lado e do apótema de um hexágono regular inscrito numa circunferência de raio igual a 20 cm.

c) Calcule as medidas do lado e do apótema de um triângulo equilátero inscrito numa circunferência de raio igual a 10 cm.

d) Qual é a medida do lado de um quadrado inscrito numa circunferência de raio igual a $\sqrt{2}$ cm?

e) Qual é a medida do apótema de um hexágono regular inscrito numa circunferência de raio igual a $4\sqrt{3}$ cm?

f) Qual é a medida do lado de um triângulo equilátero inscrito numa circunferência de raio igual a $8\sqrt{3}$ cm?

g) Determine as medidas do lado de um quadrado e do apótema de um hexágono regular inscritos numa circunferência de raio igual a 24 cm.

h) Determine as medidas do lado de um hexágono regular e do apótema de um triângulo equilátero inscritos numa circunferência de raio igual a 14 cm.

i) Calcule as medidas do lado e do apótema de um triângulo equilátero inscrito numa circunferência de diâmetro igual a 16 cm.

j) O lado de um hexágono regular inscrito numa circunferência mede 10 cm. Calcule a medida do lado de um quadrado inscrito nessa circunferência.

k) O perímetro de um hexágono regular inscrito numa circunferência é igual a 24 cm. Calcule as medidas do lado e do apótema de um triângulo equilátero inscrito nessa circunferência.

l) O apótema de um triângulo equilátero inscrito numa circunferência mede 5 cm. Calcule a medida do lado de um quadrado inscrito nessa circunferência.

m) O lado de um quadrado inscrito numa circunferência mede $6\sqrt{2}$ cm. Calcule a medida do apótema de um hexágono regular inscrito nessa circunferência.

3. Áreas das figuras geométricas planas

Quadrado

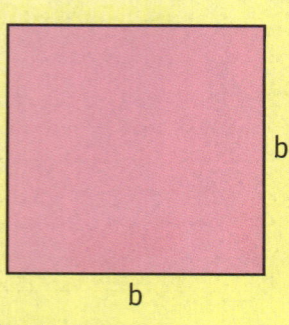

b = medida do lado
Área = (medida do lado)²
ou
Área = b²

Retângulo

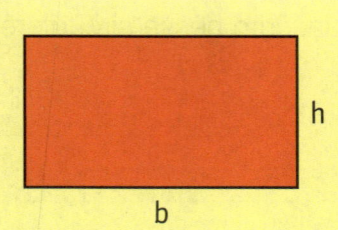

b = medida da base
h = medida da altura
Área = medida da base × medida da altura
ou
Área = b · h

12. Calcule a área de um quadrado cujo lado mede 5 cm.

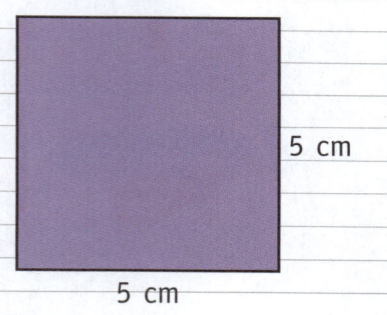

14. Calcule a área de um retângulo cuja base mede 8 cm e a altura, 4 cm.

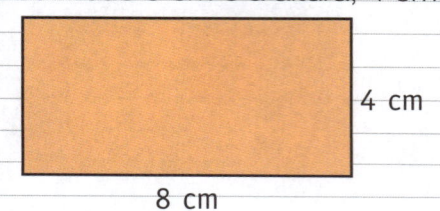

13. A área de um quadrado é de 36 cm². Calcule a medida do lado.

Triângulo

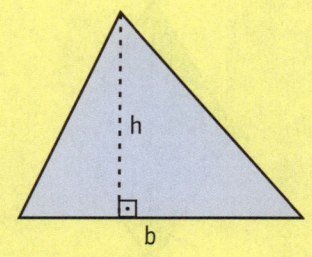

b = medida da base
h = medida da altura

$$\text{Área} = \frac{\text{medida da base} \times \text{medida da altura}}{2}$$

ou

$$\text{Área} = \frac{b \cdot h}{2}$$

15. A base de um triângulo mede 6 cm e a altura 8 cm. Calcule a área desse triângulo.

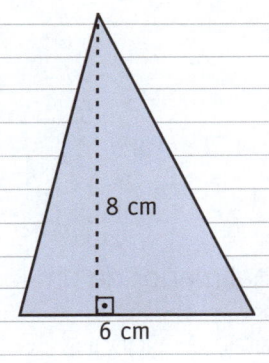

8 cm
6 cm

16. Determine a medida da base de um triângulo sabendo que a altura desse triângulo mede 5 cm e a área é igual a 25 cm².

17. Calcule a área de um triângulo retângulo cujos catetos medem 3 cm e 4 cm.

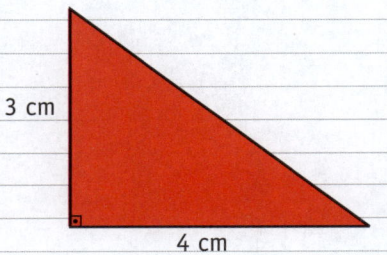

3 cm
4 cm

Paralelogramo

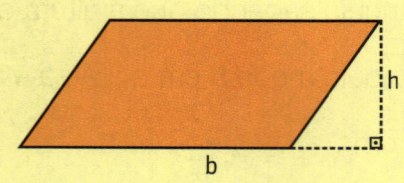

b = medida da base
h = medida da altura
Área = medida da base × medida da altura

ou

Área = b · h

18. Calcule a altura de um paralelogramo de área igual a 35 cm² e cuja base mede 7 cm.

Losango

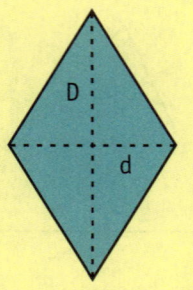

d = medida da diagonal menor
D = medida da diagonal maior

$$\text{Área} = \frac{d \cdot D}{2}$$

19. Qual é a área de um losango cujas diagonais medem 4,2 cm e 5 cm?

20. A diagonal menor de um losango mede 6 cm e a área é igual a 30 cm². Calcule a medida da outra diagonal.

Trapézio

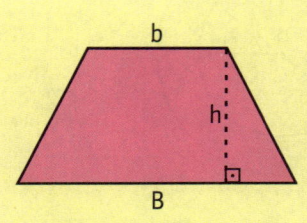

b = medida da base menor
B = medida da base maior
h = medida da altura

$$\text{Área} = \frac{(b + B) \cdot h}{2}$$

Círculo

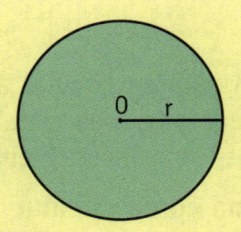

r = medida do raio
π (pi) $\cong$ 3,14

$$\text{Área} = \pi r^2$$

21. Calcule a área de um trapézio cujas bases medem 6 cm e 8 cm e cuja altura mede 4 cm.

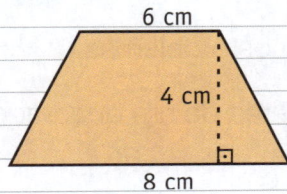

22. Calcule a área de um círculo cujo raio mede 2 cm.

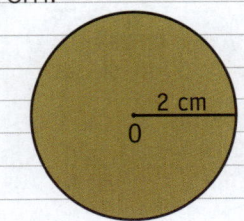

Coroa circular

Chamamos de coroa circular a região plana limitada por duas circunferências concêntricas, uma inscrita em outra.

Área de uma coroa circular

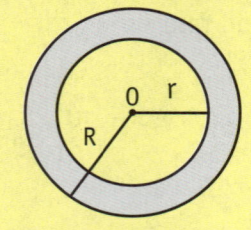

r = medida do raio menor
R = medida do raio maior
Área = $\pi R^2 - \pi r^2$

ou

Área = $\pi(R^2 - r^2)$

23. Calcule as áreas das coroas circulares.

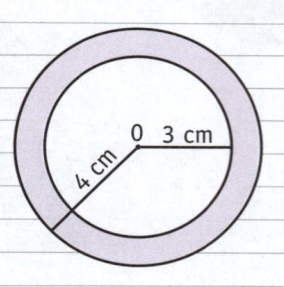

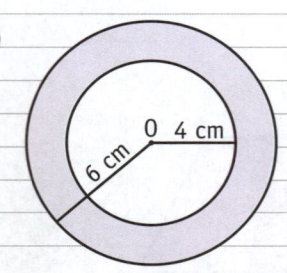

a) O 3 cm, 4 cm

b) O 4 cm, 6 cm

24. Resolva os problemas.

a) Qual é a área de um quadrado cujo lado mede 10 cm?

b) O perímetro de um quadrado é igual a 24 cm. Calcule a área desse quadrado.

108

c) Calcule a área de um retângulo de dimensões 5 cm e 12 cm.

d) As diagonais de um losango medem 15 cm e 12 cm. Calcule a área desse losango.

e) Qual é a área de um trapézio cujas bases medem 4 dm e 7 dm e cuja altura mede 6 dm?

f) Calcule a área de um triângulo cuja base mede 18 cm e cuja altura é igual a um terço da medida da base.

g) Calcule a área de um retângulo de perímetro igual a 26 cm e cuja altura mede 5 cm.

h) Determine a área de um quadrado inscrito numa circunferência cujo raio mede 4 cm.

i) Determine a área de um círculo cujo raio mede 4 cm.

k) Determine a área da coroa circular.

2 cm
4 cm

j) A área de um círculo é igual a 314 dm². Calcule a medida do raio desse círculo.

ESPAÇO RESERVADO PARA ANOTAÇÕES E EXERCÍCIOS DE REFORÇO